卉漫春秋——马新云诗词选
Traditional Chinese Poetry by Ma Xinyun

# 卉漫春秋

## 马新云诗词选

*Traditional Chinese Poetry*
by
*Ma Xinyun*

Acer Books

卉漫春秋——马新云诗词选（红枫丛书之四）
作者：马新云
出版：Acer Books
封面摄影：彭昭强

书号：978-1-7381938-7-5

红枫丛书
策划：黎杨
设计：陶志健

Traditional Chinese Poetry by Ma Xinyun
Author: Ma Xinyun
Publisher: Acer Books
Cover Photo: Peng, Zhaoqiang

ISBN:978-1-7381938-7-5

Copyright © 2024 Ma Xinyun.

All rights reserved. No part of this book, except contents in the public domain, may be reproduced or used in any manner without the prior written permission of the copyright owner, except for the use of brief quotations in critical articles and book reviews.
E-mail: acerbookscanada@gmail.com

# 目 录

目 录 ................................................................. i
【莺啼序】........................................................ iii
春怀 .................................................................. 1
秋华 ................................................................ 15
冬韵 ................................................................ 34
【喝火令】庚子年春吟 ................................... 41
【点绛唇】庚子春吟 ........................................ 45
庚子夏吟百韵 夏之停云 ................................. 49
庚子年初【西江月】词组 并【诉衷情】....... 52
咏菊 ................................................................ 55
咏荷 ................................................................ 59
咏月季花 ........................................................ 62
【虞美人】咏牡丹花 ...................................... 64
故乡吟 ............................................................ 67
山水游 ............................................................ 71
【清平乐】词记台湾之旅 ............................... 78
【玉蝴蝶】题乐老师绘画 与摄影 .................. 82
【玉蝴蝶】题朱岩摄影图片 ........................... 86

i

## 目录

【殢人娇】词题仕女图 .................................................. 88
咏月 .................................................................. 91
有记 .................................................................. 95
云笺往来 .............................................................. 99
卉漫悠然 ............................................................. 112
赋咏 ................................................................. 126

# 【莺啼序】

西楼雪寒酒冷,对书香正暖。临窗幔、几许痴情,醉品旧著新卷。忆犹在、遥回故里,天涯海角亲朋挽。念青梅窗下,少年嬉戏相伴。

十载书声,流光乡音,趁青春立愿。晨与暮、苦读勤耕,灯柔青丝缱绻。墨花侵、秋添杜若,笔锋润、春围梅苑。倚阑杆、玉魄冰壶,心飞高远。

山城深造,京畿行医,朝阳总璀璨。有道是、白衣天使,兰惠余香,玉石温情,解忧除难。廿年又是,芳华都付,藩篱适度犹无语,记当时、苦乐遂心愿。休追逝水,悲从簪折何堪,浮云过眼空叹。

长途羁旅,岁月蹉跎,却梦怀星汉。对白发、时光荏苒。野鹤长鸣,皓雪牵萦,枫彰眇漫,琴弦素韵,诗书闲淡,清吟莫忘故园曲,诉相思、平仄轻声唤。云中望里家山,都付文章,夕阳唱晚。

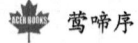莺啼序

# 春怀

（丁酉年辞小年迎戊戌新春）

### 新春吟

晨曦伊始，元月韶华。
氤氲紫气，吞吐红霞。
北祥冰树，南瑞琼花。
山腾龙影，市聚香车。
寻梅阡陌，逐梦天涯。
闲情所在，过隙难赊。
玉壶煮雪，瓷盏烹茶。
香熏琴韵，指点浮槎。
鸿儒何往，陋室堪夸。
层楼胸臆，落墨新葩。

2018 年元月

### 滋味
小园掂翠叶,葱指捋丝长。团面拉抻久,千般意味藏。
2018 年生日快乐!

### 绮怀
一别孤舟远,勤参岭与峰。啼林寻蕴意,曲水自涵胸。
老去怀乡语,梦来呼旧容。还余残骨秀,书寄玉壶从。

### 春意
天际有征鸿,云心御远风。凭阑收锦字,凝睇对长空。
当有故园意,还期梦里同。繁英无奈落,一掬坠笺中。

### 咏泉
乱野几咚叮,清溪汇洁泠。归途怀日曜,去梦响雷霆。
浩渺幽荒漠,嵯峨乱绝陉。还期无洗耳,一跃入东溟。

### 春愁
缱绻蜗居久,谁分春与秋。晨堪星月苦,夕虑日光愁。
陋室无颜色,苔阶谢俗酬。细参空有境,静处去何求。

### 题图江南春
桥弓入柳烟,江火助花燃。浪击悠童趣,鸥追逐梦年。
寒隅无以报,伏案寄回笺。青瓦望中远,归帆在那边。

 春怀

### 江湖

老来常自娱,辞赋作江湖。吟雪品梅骨,观莲洁鹤躯。
荒峦收气象,涧水润功夫。虚竹但生节,胸中不计无。

### 水仙

娇羞新蕊裹,玉钵端怀坐。根卧水晶宫,袖追金镀舸。
孤魂素韵藏,幽梦清涟锁。来去绝凡尘,临窗香一朵。

### 春风十里

不胜东君三月暖,冰躯几坠起波澜。
春风十里长河岸,一片鸥鸣比浪欢。

### 春分

平分昼夜度阴阳,中取三春好景光。
北国清寒终不解,身临塞外讨梅香。

### 题梅图

虬枝老树有精神,原是蕊开又报春。
倚石伴梅潇洒去,拈花忘却一身尘。

### 新叶

谁伸小角破轻尘?柳眼迷蒙试绿身。
细雨含情回一句,恩先尔等早逢春。

### 野趣
野草从容花自开，虬枝老树入瑶台。
小桥遗世留孤影，一片痴情伴水来。


### 清明祭
凄凄雨雪起泠风，两处春情此刻同。
遥梦杏花添老酒，长樽痛酹向苍穹。


### 故园梅开
报晓悠然一片梅，春红已在故园开。
柔荑当作少年面，金粟应添游子杯。
细蕊抽丝思绪暖，胭脂铺锦入窗陪。
风鸣枝杪寒中到，慰我乡情云上来。


### 雨霁春晓
晓色空蒙紫气涵，楼台远眺几层蓝。
啾啾韵里鸣新绿，嘎嘎声开闹小潭。
尖笋伴崖勤盼顾，青茵拢陌正看探。
风吹一阵枝摇摆，松鼠巧藏戴碧簪。


### 迎春花
迎春冲雪从来急，几朵新娇映日黄。
伏地小枝偏簇秀，穿篱翠萼喜催妆。
玲珑不与凡心闹，馥郁却将风骨藏。
羞共繁纷同一枕，拂衣自品任清凉。

 春怀

### 观鹤舞

白羽翩跹舒舞步，一泓碧水照仙姿。
轻灵似雪皑皑落，皎洁如光炫炫移。
长颈屈伸幽自趣，明眸睥睨却成奇。
腾飞旋转何潇洒，草地晴空为我痴。

### 新岁踏雪

塞外寒云瑞气生，扶摇雪岭卧龙横。
闲情最爱林间曲，跋涉唯求足下平。
但得和风迎晓日，抛开俗事出围城。
鬓斑何惧添霜色，况复新途总有晴。

### 立春有感

冰圻雪轻暖日升，云屯道尽碧空澄。
穿枝雀鸟吟声起，脱线风筝展翅腾。
跃跃心思鸿雁影，姗姗归意去帆兴。
春盘未满觅新绿，一醉花间梦几层。

### 早春夜趣

东风未染庭前树，积雪吹花枝下舞。
几曲琴音上小楼，半帘残月斜棱户。
檀香已尽趣难添，老韵重翻心近古。
偶展清笺闲卷开，故园梅蕊丝丝数。

 卉漫春秋

【风光好】早春晨光
碧溪阴,裂冰沉。紫气清凌竟不禁,乱春心。
晴光恰好涂天路。开津渡。莺啭金喉雪浪忱,复琴音。

【踏莎行】踏青
陌上芳飞,枝头翠住。佳人逐蝶蜿蜒处。匀分彩袂卷青波,漫歌飘过香尘路。
曲径残声,云亭断句。繁花竟艳情相顾。娇红一朵发间簪,春光未把秾华误。

【玉楼人】宴茶

宴开三五还呼酒。觞咏罢、红樽碰后。惶惶何寄精神,上青瓯、珍茗叶幼。
琼芽碧蕊缠绵久。四座惊、把盏争嗅。玉华润澈盈香,玉人儿,缓展罗袖。

【醉花阴】春雪戏梅
飞絮逆时檐上乱,不为冰影炫。闻道有梅开,速改归期,何计苍垠远。
果然玉瘦横枝绾,黄晕凝脂漫。香蜡剪玲珑,欲笑还收,金口清魂转。

【武陵春】黄叶恋,题蜡梅图
红尽枝疏风正紧,却有暗香流。遍访丛林未做休,老叶掩花羞。
常道吾生君未及,汝却守枝头。莫是春秋着意留,退桀骜,换轻柔。

 春怀

【戚氏】春韵
又逢春。百籁齐汇正迎春。玉朵离枝,坼冰追浪,急争春。寒春。是新春。东君不怠也知春。暾暾昨夜怀梦,故国遥寄一枝春。晓雾迷旷,晨风清耳,但听逐鸟啼春。渐氤氲草长,葳蕤苏箪,丝蕊归春。
迢递,拂绿阳春。流布德泽,万物勃中春。横塘静、野凫闲趣,软柳垂春。几怀春。陌上远眺,蜿蜒秀色,淑气催春。地丁润紫,石竹含青,彩墨添笔匀春。
灼灼桃红好,墙头杏闹,肆意繁春。马踏熏风蝶逐,蜜成蜂醉错卧深春。盛妆月季丰唇,海棠带露,都把心思酝。揽九天、归雁舒长阵。天亦老、花瘦残春。意却缠、去水随春。水波恋恋藕节藏春。瑞香移穗,山茶结籽,再续来春。


【一枝春】新元吟咏小聚
杲杲新阳,御清风、破晓腾云驱雾。氤氲散尽,紫气报催春鼓。韶华点墨,落梅韵、凑齐新句。还一枝、聊赠从前,寄上故人心语。
吟声八方来聚。结闲庐、古韵堪添些许。悠然品茗,入画更寻幽处。调琴润色,唱他月照天山路。凭奈何、无恨无愁,有情漫数。


【柳梢青】云雀催春
小雀催春。共飞轻雪,上下歌频。冰坼平湖,风斜软柳,似有听真。
贯随浮世缤纷。得一处、新声去尘。散发添霜,临窗过影,知是流云。

 卉漫春秋

【眼儿媚】春燕
斜柳追鱼闹春塘，情切掠棱窗。露曦染羽，竹风拈翠，遍访陈梁。
簇香轻翦呢喃语，细蕊共思量。桃红欲滴，佳人娇媚，一样清芳。


【双双燕】梦忆双燕
雾开雨霁。双双燕，斜穿柳烟生处。清波照影，溪畔水云凭渡。欣喜蓬头小子，曲双指、晨昏看数。归来老友相牵，正欲茅蓬同住。
轻语。今生爱侣。巢共筑，衔泥霍然来去。未曾分晓，几曲乱声新羽。含翠侵红栩栩。上下逐、翩跹成趣。银丝酒醒镜中，杨柳一枝闲旅。


【江城梅花引】戊戌新春吟咏
九垓张阙日华新。报新春。闹新春。一曲清歌，踏雪化梅痕。自此江湖驰骋去，肝胆照，两昆仑、试剑魂。
剑魂。剑魂。碧血存。护国门。疆土巡。啸傲四野，鼠辈颤、休把财吞。人道忠良，非瑞犬何陈。莫使功名空逝水，天地阔，酒兴豪、酹大尊尊。


【花心动】上元有忆
清夜撩寒，意无凭、临窗且听斜雨。斗柄无踪，灯火零星，何解上元情绪。那时湖畔云霞坠，但遐迩、彩霓镶树。有仙子，飘飖彩袖，竹烟深处。
别样温柔日暮。难自禁、佳人共花轻舞。璎珞流光，柳眼分波，风月劫声飞去。倩谁犹可将心落，拂尘俗、一香千语。向天海、传来碎言万注。

 春怀

【早梅芳】新春庙会喜见梅花装饰
锦绣台，红火景。喜庆眉间映。寻寻有得，深浅横斜是梅影。
点黄擎蕊细，落粉匀腮静。似曾相识否，南北一枝赠。
故人痴，去国冷。且品梅花令。依窗旧友，万里飞来把亲省。
纤纤枝杪瘦，韡韡纱花靓。暗香凝，未饮先酩酊。


【蕙兰芳引】观旗袍秀
丝竹韵中，美人步、簇香端靖。正雅丽娉婷，奇霭幻云辉映。柳腰皓腕，小领俏、绕围柔颈。又绾纱垂锦，恰似寒梅幽胜。
阑外枝繁，殿中情酽，是处何境。望短袂长衫，荷色菊姿共咏。江南水意，尽流画影。曲未央、花伞扮谁妆盛。


【汉宫春】立春书缘
春立长街，对参差白树，落寞风幡。无常北隅塞外，乍暖还寒。熏风迟度，怅萧索、幸结书缘。香墨浸，诗红画绿，一时巧聚春盘。
霜染青丝凭去，纵半生碌碌，一晌偷闲。点梅也取丹色，留个朱颜。轻裁冻柳，蘸云朵、淑景新环。灯晕里，霞觞斟满，砚池画阁皆欢。


【相见欢】赋诗泼墨有记
闲情欲上层楼。撇横勾，雅趣挥毫笔墨、走春秋。
凤舒展。龙腾漫。记风流。一纸相思酬落、写从头。

【多丽】旗袍秀之曼妙
云霞淡，藕花款款天惊。对凌波、田田碧色，美人舞步娉婷。绣青花、一支带露，宛如柔水立蓬青。仙子娇容，洛神风韵，管弦丝竹共泠泠。
暗香里、均分兰棹，倚翠渡幽情。旋蝴蝶、悠悠岁月，舒卷流星。
梦江南、西湖柳雾，雨中香伞高擎。霁红娇、雪肌皓腕，巧施罗扇击飞萤。燕子丁香，乌衣苔径，穿梭倩影画中行。曳素月、依依浅笑，心绪似冰清。云烟远、风华掩映，空谷兰馨。


【万年欢】二零一八年元旦有抒
晓日新晴。正极寒拥素，哈气为冰。风弹云华，东方浪迭红层。醉眼临窗对景，香笺展、锦字痕轻。琴音起、弦拨阳关，欲传别绪叮咛。
酬争去岁芳字，是把芳心挽，逝水无情。更在闲言之外，还有悲声。一粒凡尘不足，语也微、何计成城。堪修也、篆石镂禅，心度澄明。


【千秋岁】二零一九年新岁自勉
又磨犄角。新岁添新乐。身影直，光阴削。游云难积厚，飞雪无关薄。花叶落、关门收拾闲时作。
难弃前尘索，兴起穿璎珞。苔痕老，书魂握。露清芳草地，月下芸香阁。春来也、点红描翠来时约。


【卜算子】春寒
雪影又添闲，寂寞枝头驻。留取冰心点做梅，弄笛斜阳暮。
烟袅案前书，笔落梨花雨。欲把香笺染碧池，拾翠凌波处。

 春怀

【江城子】春意（拈当字韵）
报春孤朵自担当。叩寒窗，细思量。一掬娉婷，无语暗添香。传说江南春又早，池草绿，野山苍。
莫提南北隔清江。水泱泱，路茫茫。难计归期，故土画中藏。别去今生天地远，梅韵老，不相忘。


【采桑子】惊蛰无雷
欲开柳眼惊无震，归燕栖迟。一瞬新晖，雪上霞飞别样姿。
浮云闲翦鸳鸯影，读你千回。巧目低垂，不语焉知怎唤雷。


【画堂春】染袖香风
晨曦烟外翠朦胧。春情一夜添浓。透枝金缕戏青茸。滋味无穷。
新草也随颜色，油油都是娇容。鸣声抖落入长空。染袖香风。


【少年游】早春
莫嫌春色又迟迟。阵痛有谁知。画檐泪滴，枝头苞裂，河浪坼冰嘶。
当酬一夜雷霆雨，新绿乍开时。软柳侵溪，野花横陌，试水野凫追。


【少年游】春意
绵绵新雨正应期。润物莫嫌迟。翠围烟树，红随曲水，休错踏青时。
俗尘不入山中日，鸣雀把云追。林拢纷桃，渚悠雪雁，最是好风姿。

 卉漫春秋

【望江东】诗怀暮
蹊径虔诚向桃树。纵不是、繁华路。书声半世未曾去。
梦里见、桃园住。
尘寰怎把星辰数。有一颗、儿时许。鬓丝霜后报归处。
万千里、诗怀暮。


【望江东】家山路。
朱霭津津笼烟渚。宿雨后、晨光注。迷蒙几朵絮花舞。
向水去、何堪渡。
离枝也伴琅玕树。景色淡、珠玑数。倚阑凝目望遥处。
旧时约、家山路。


【画堂春】也入清江
雀鸣篱外嗅新棠,依阑一树芬芳。露盈新蕊映琼光,夕照柔妆。
庭院不关心事,冰心付水绵长。君心他日若离殇,也入清江。


【鹧鸪天】沧浪客
照水浮云写个弧。谁持兰桨荡舟途。千年求索其修远,一卷遗怀相识初。
腾凤翼,佩兰株。幽怀太息奋声呼。今生我做沧浪客,何浊何清仔细沽。


【浣溪沙】迟春忧怀
似有似无枝上纱,殷勤顾盼几声鸦。何时蓓蕾绽红花。
道是春来还降雪,谁知雨过不侵葩。黄昏点取一层霞。

 春怀

【御街行】（范仲淹体）归怀
离人有问安康否？忆昔日、徒依旧。东风吹雨误停云，飞絮终离杨柳。青云高格，玉壶心魄，闲案频搔首？
长天似水西风又。绿已老，红还瘦。清笺珠句寄情缘，情绪谁来消受。年华易逝，柔肠犹在，都付杯中酒。

【醉太平】题晚霞双凫戏水图
斜阳尔雅，橙光作画。一帘罗幔自天挂，向清波坠洒。双凫照影斜晖下，伸玉颈，幽私话。好个温柔梦乡也，九霄秋千架。

【蝶恋花】蝶园观蝶
细蕊无言迷蝶舞。彩翼翩跹，莫把花心负。缘定三生从未误。沉沉晓梦痴相顾。
乱了芳菲慌了步。小苑流连，不慕深庭户。红也相亲黄也赴。柔情错向佳人去。

【月宫春】咏白鹤
一蓬浮影过云崖，琼花细羽裁。翩跹玄鹤降天垓，淑祥奇气来。
长颈屈伸凭撷趣，霜翎上下不沾埃。张翅成双漫舞，唱吟何快哉。

【霜天晓角】题"雪雁追月图"
清江灵洁,起落鹅毛雪。寄此幽怀半载,寒霜落、牵情别。
意烈,歌未歇。凌霄会残月。记得波中照影,此番去,遊宫阙。


【天下乐】蒙特利尔首届新春庙会有感
是日暖风坼旧雪,似懂得、情意切。兹情缠绵绕不绝。长亭梦,未曾挥别。
五彩戏,龙狮舞一阕。这况味,真欢悦。任由击掌声不歇。试梅妆、侬也贴。

# 秋华

## 立秋

急雨潇潇后,晨风别样清。夏从今日罢,秋自此时成。
彩蝶忙缠茧,飞鸿备远征。蓼花犹见瘦,苇笛已发声。
可叹时光短,犹嗟羁旅萦。区区凭一日,咄咄换新名。
怜意起悲悯,忧思记旧情。花心当渐老,树杪可还荣?
气爽迷修炼,天晴好远行。登山天地阔,涉水江河平。
信步参林木,童心拜雁声。故人篱院叩,老友小鲜烹。
滴漏芭蕉数,瑶光玉盏盛。临窗闲语旧,破晓揭曦明。
禅蕴觅何处,尘埃净晚营。莫论思虑乱,陋室凡心宁。
2017 08 07

### 秋江
雾海锁峰峦，长河绕绿盘。谁人茅草屋，一啸落琅玕。

### 秋山
白露蝶侵寒，虬枝新彩贴。登高老眼眯，曼舞红黄叶。

### 归鸿
齐天一字开，万里飞鸿意。我欲也登高，难为何所以。

### 落叶托露
去梦三生久，丝丝烙火痕。秋风邀过客，落地接清魂。

### 秋菊
西篱幽瘦菊，弹绿复簪黄。不与高枝舞，心归月下霜。

### 琼花暗香
凭阑开似雪，炎夏聚清凉。不凑缤纷趣，疏风送暗香。

### 琼花寒蝶
一盘金蕊聚，八朵玉华镶。碧叶枝头托，抱珠寒蝶翔。

### 立秋
晨风凉意起，夜雨始知停。坠露阶旁籽，摇帘杪上青。
物华侵季节，池水暖飘萍。鬓发长如水，生华莫与听。

 秋华

### 寒露

寒风潇洒起，谁与唱吟谐。红叶夕阳意，浮云游子怀。
徘徊悠曲径，思绪过苔阶。篱下扶新菊，篱头一素斋。

### 秋江图和韵

长空无一月，画里望秋江。阔水涵邻地，飞鹰过远邦。
藏幽林几片，闲寂户成双。欲取禅中趣，遣书敲小窗。

### 秋序

不寐听秋雨，幽幽便出神。花魂流入水，季节洗无尘。
渐觉添年急，何堪换序频。清辉依旧转，不懂异乡人。

### 中秋 其一

金风不负夜，顾盼弄清粼。催转一空月，吹消四季尘。
休遮离岸柳，只待故乡人。已把长歌备，殷勤立老身。

### 中秋（其二）

为共婵娟意，徘徊陌外河。清霄无奏曲，地籁汇成歌。
水织心思密，风吹眉蹙多。觅香丹桂远，恨不上云柯。

### 钓闲

寻思脱世尘，归岭养精神。一日山中客，三围水上邻。
崖头横怪石，树杪撷云津。抛线清溪钓，游鱼戏做嗔。

### 秋思
落落孤怀冷，开襟取暖荣。风悠寒蝶舞，水击石花鸣。
抱影踌躇步，凝眸怯弱行。催刀无觅处，展卷品含英。

### 即兴
少时犹慕泰山才，造化欺柴逐我催。
青了诸峰闲绝顶，一株蒿草把花开。

### 秋风
不喜无忧怎为诗，花红叶绿俗嗟之。
晓风吹过凉如水，韵律怦然策马驰。

### 秋思
清江激浪向东流，水洗长天霜染秋。
昂首高山兄弟意，茱萸阑外解乡愁。

### 秋景
枝头几处挂秋花，万里清风雁阵斜。
远黛巍巍青未了，小桥流水绕人家。

### 秋色
扶摇而上赏秋山，隐没红黄画色间。
鸟瞰归程惊足下，熔金坠落入清湾。

 秋华

### 秋枫
秋风秋雨染秋枫,蝶舞枝头彩入瞳。
漫度山林情未了,带回云髻一枝红。

### 秋韵
寒烟骤起涌秋潮,雨洗苍茫黛色遥。
喜得松间沙渚白,茅棚竹榻揽潇潇。

### 秋情
滔滔逝水洗春秋,几处南柯过梦州。
细雨潇潇幽笛远,轻帆不解系江头。

### 秋吟
晨霜漫享绘山林,碧水无澜影入心。
鸥鹭忘机吟舞曲,知音咫尺不难寻。

### 秋行
羁旅红尘锁骥程,一腔清愿对晨鸣。
青山不老路无限,何不放缰策马行。

### 秋舟
暮色苍山去水长,炊烟不起竹帘凉。
放舟柳岸阿谁意,待发何人共故乡。

### 秋雨
老山幽水暮烟初，雨打横枝叶落疏。
一盏孤灯浑不觉，鲜鲈品过再翻书。


### 秋月
芙蓉出水去天宫，滟滟清光洒碧空。
非是桂枝强掩面，年年此夜总羞红。


### 秋客
窗含逝水去悠悠，亭外荻花染白头。
远眺归帆迎故客，凌空雁阵几声啾。


### 问蕉
芭蕉又接空阶雨，夜读临窗恍惚时。
试问花心还记否，那年蕉下共题诗。


### 秋恋
春华逝水不堪流，但有秋光可洗愁。
鬓发银丝君莫数，闲云自在度悠悠。


### 秋心
梦里长亭常忆旧，三杯别酒几回秋。
凭阑又盼关山月，香桂有知莫醉愁。

 秋华

### 中秋邀酒
清歌一曲邀新酒，饮醉浮云出岫悠。
万里传书情未老，相思对月不言愁。

### 中秋邀月
未负天涯玉魄悬，潋滪一水共清欢。
千杯桂酒今宵月，隔海均分不夜天。

### 寒蝉悲秋
残云漫卷又秋风，遥看阔天送别鸿。
难忍高枝萧瑟苦，欲寻洞府做寒宫。

### 月夜放舟
玉盘斜挂恰逢舟，苇笛吹波影自流。
我拟清风无限路，一声欸乃月华游。

### 观云
心门未锁出瑶台，欲卷还舒逐梦来。
纵使无常身碎裂，清名一样有何哀。

### 中秋月说
今夜我当洗九霄，澄光万束用心雕。
飞传皓魄朱门转，莫错婵娟一载娇。

### 残秋山水
风姿依旧在层林,不慕枯枝踏落金。
飞雁几声惊峡谷,直追秋色去湖心。


### 幽林红屋
幽林曲径徘徊久,一线晴光豁地开。
碧草红墙谁入住?清氲引得路人来。


### 裁云
日光纤巧把云裁,一簇桑麻一簇槐。
我愿青裙栏外度,老槐树下待君来。


### 凉
登高笑傲老来狂,我与山风共乐章。
蝶落蝶飞无限意,夕阳晖里说炎凉。


### 咏秋雅聚有记
枫叶荻花竟自芳,新诗古韵品甘棠。
一声太白噫吁曲,十唱菊花金羽觞。
妙笔生花橡墨宝,横空传记好文章。
拂弦回首少年意,一对芙蓉共翳裳。


### 分醉秋光
一山闲趣舞霓裳,仙子点妆红胜黄。
云落碧茵颜色暖,露垂斜叶树枝凉。
弄波小艇悠悠戏,照水征鸿恋恋翔。
欲与秋光分几醉,亦歌亦蹈老来狂。

## 仲秋

桂香不怠醉金秋，圆月殷勤暮色幽。
瑟瑟箫声鸣故里，遥遥雁阵过层楼。
好风偏惹嫦娥苦，捣药还承玉兔忧。
庭外菊花篱下躢，桌前肥蟹不知愁。

## 重阳有感

漫道重阳天又老，无为银发理金丝。
树高堪舞难凭处，山转欲迎非遇时。
入目翠微同过客，栖身陋室看繁枝。
残荷依旧娉婷立，非是潇潇撼未知。

## 寄一水玲珑

对檐看滴数玲珑，圆润阐幽与月同。
砾下余青花色外，阶前幼藓碧烟中。
浮云漫漫忙成客，飞絮茫茫慢转篷。
若做瑶波甘露降，勤追蒲夹赴西东。

## 咏月

举头望月少年痴，花样年华饮醉时。
亟待登楼抒壮意，依然望处觅无知。
天涯历尽千般事，纸上空留万缕词。
逝水当歌幽梦意，驿途有汝寄相思。

### 乡恋

云烟缥缈渡归鸿，辞别江南乘浩风。
斜柳漫随波上绿，春花巧点径旁红。
新笺颜色新滋味，老笔情怀老辣工。
乡恋每题墙角白，层层旧瓦数心中。

### 怀沙

江上棹歌迎雨号，天神助力卷滔滔。
怀沙未做补天石，竹笔难成斩恶刀。
击水沉沉为砥砺，遗情荡荡矢离骚。
艾香也并相思物，四海邀君共品醪。

### 秋蝉和韵

秋风不使闭歌喉，寒露当为珠玉收。
不弃高枝开视野，还存密叶取津稠。
萧萧一夜由来是，飒飒时光怎可休。
蜕脱何妨经再次，清吟三夏待风流。

### 【捣练子】田园

幽紫叶，坠青瓜。翠蔓香萝立小鸦。
春夏护呵秋结籽，一襟珍味向谁赊。

### 【捣练子】秋江

霞色裛，水光酡。欸乃青山入画波。
都道棹舟千里好，一行秋雁唱离歌。

 秋华

**【减字木兰花】中秋月说**
今宵不寐,我浣澄霄凉似水。万里清幽,直下苍茫慰九州。
飞传皓魄,不计柴门与石阁。试把心抛,莫错婵娟一载娇。

**【减字木兰花】咏雁寄怀**
霞生雨霁,过雁啾啾非虐戏。顾影徘徊,谁个长途肯落离。
云飞气爽,心绪随云天际荡。慢说离愁,恰对风凉可咏秋。

**【忆江南】题图"落叶"**
(一)
明台上,我度不留痕。也试腾飞旋舞步,奈何飘落卧残身。他日也成尘。
(二)
幽梦里,睡眼探寒春。初试嫩芽伸小角,再抡青臂展长裙。谁说不消魂。

**【眼儿媚】月夜有思**
清夜无聊数枯枝,月上树梢时。疏离几叶,横斜几脉,我意谁知。
玉盘高挂凉如水,该有几多诗。梅花不在,如何尺素,驿外愁丝。

## 【菩萨蛮】长亭更短亭

风摇雨幕惊新梦,蓦然帘外枝弦动。别曲又重弹,谁人折柳残。

寸心幽尺素,老墨久成缕。何处寄离声,长亭更短亭。

## 【清平乐】秋游

霜浓酒酽,风起秋山染。半壁红黄随波澹,人影流金光闪。

轻绘眉黛邀游,登高莫说新愁。浩气荡胸云涌,闲听鸟语啾啾。

## 【踏莎行】时光误

黄叶依风,丹霞戏鹭。芦花染素迷江渚。寒山悠远接苍芜,孤舟咫尺心无渡。

月巧弥天,水痴幽故。琴弦总把时光误。宫商不解指中情,错存闲醉凌云处。

## 【一剪梅】小池秋思

雨后新秋别样情。荷色稀微,花事伶仃。小池心绪更分明。枯叶珠圆,细蕊娉婷。

犹记熏风八月晴。水涨红蕖,绿伞高擎。且将红粉梦中寻,渡我清灵,享我清莹。

## 【撼庭秋】乞巧

碧霄银阕缥缈,喜鹊知多少。浪涛千里,相思万缕,数来都老。

徘徊月夜,聆听天籁,许她娇笑。叹尘缘常碎,佳期似梦,乞谁真巧。

秋华

【山花子】新秋
喜鹊追风逐影遥，多情不系汉河桥。对语柔波荻花白，正涛涛。
弦弄物华秋色暖，词涵醉意老枝娇。记取桃源幽梦里，也潇潇。


【菩萨蛮】清秋暮
年年怕对清秋暮。雁归叶落花容误。风瑟瑟心寒。云悠悠意缠。
余生何所结？无语天边月。恰似水中萍。浮沉随浪轻。


【清平乐】中秋夜
风云惹事，是夜还难止。揽月风流伴作矢，抱橘期期论枳。
擎酒迎尔生辉，还添盛菊香微。顾盼新圆更锁，谁教夙愿难违。


【鹊桥仙】七夕有抒
香簪一壑，佳人两地，昨夜闲聊天度。梧桐细雨不嫌愁，却滴得、幽星难数。
迩来黑鹊，惊他白首，怎载梦中情路。桥横海市寄凄凄，过隙去、何朝何暮。


【浣溪沙】苔
小朵生来颜色青。无花无籽也峥嵘。无香还做蕙兰情。
树隙悠闲尝宿露，石床坐卧数繁星。聚沙成垒在无声。

【桂枝香】重阳抒怀
晴光栉沐。正树入苍穹,飞鸟腾倏。云过斜阳漫舞,撒金如瀑。登高浴罢潇潇雨,会重阳、欲吟心曲。一襟红叶,半山图画,遐思奔逐。
念故乡、诗情断续。对远黛层峦,痴语相促。鸿爪微痕,何故滞留闲足。浮槎不渡淹留苦,去焉归焉向谁属。柳移亭外,舟横塘浦,且行高躅。


【望仙门】望水天交合
淼烟迷雾过鸿蒙,转无穷。瑶池一水接云空,共朦胧。紫气新霞卷,翩跹落鹜从容。荡胸层意借天风。借天风,情似浩波浓。


【踏歌词】激流岛早春暮下观浪
霞色清波上,花开白浪扬。雷霆奔逝水,湍急泛红光。天水两茫茫,古往俱沧沧。


【浣溪沙】观日环食视频有记
皓月今来天上偷。贪心欲把赤乌收。当空斗法二神悠。迷雾蒙蒙时缱绻,昭光荡荡半遮羞。金环入眼幕天留。


【临江仙】题图
峭壁豁开峰转,落泉倾泻珠飞。紫烟入翠绕清晖。虬枝攀怪石,痴叟坐台嵋。
抒意一声猿啸,妙哉醉饮山杯。倚松揽胜不知归。振衣风驷举,御梦彩云陪,

秋华

【采桑子】（添字）秋山雨霁
秋山雨霁云烟袅，绕紫融金。绕紫融金，风过晴光，次第入丛林。
摇枝乍见红黄露，叶上珠擒。叶上珠擒，试与争娇，霜鬓插花簪。

【鹧鸪天】题承露红叶照片
春梦秋心已过时，小泉岂懂落红痴。青山不挽风尘客，逝水难留玉露姿。
染丝脉，剪罗衣，欲同青鸟赴瑶池。奈何终是凡夫子，承露留题也为诗。

【鹧鸪天】乡心
暮色巡园照静柔，寻花拾翠弄香丘。相思融入残英化，呓语还将逝水留。
红酒暖，白头羞。闲云卷月一痕愁。乡槐檐下冰壶许，槐梦樽前津渡悠。

【暗香】忆
阑桥簇碧。对湖波舟浪，柳烟浓密。掠过苍鹰，抖落琼花洒如泣。寥廓今朝望里，双江事、晚春相忆。泪与汗、一幕迷蒙，软语怅无觅。
静瑟。莫闲寂。又贺曲再吟，大捷宁疫。故园籹谧。明月清辉为谁笔。樱坠飘成花雨，未远去、暗留香迹。拾残瓣、藏皓魄，点妆陋室。

## 【一翦梅】一翦梅咏叹

一曲梅开纵翦情,心迹幽清,笛韵空灵。徘徊直向九垓萦,摇曳华琼,醉了云英。
所谓伊人枕梦行,残月伶仃,孤倚寒星。卷帘花影入门庭,天碧霞荣,絮落香盈。

## 【天仙子】咏令箭荷花

巧剪红纱添颊醉,几丛长剑亭幽翠。
瑶池仙子九垓来,金蕊缀,羽衣炜,宛若芙蓉栽玉邸。

## 【天仙子】秋野

风爽阔天云漫织。远烟香袅秋园碧。
氤氲草色试纱裙,花过隙,腕生熠。陌上蝶蜂追欲急。

## 【清平乐】冷暖人间

落花几度,莫是熏风误。三日盛开三日数,望在斜阳归处。
霜露降自从天,赤乌曜自从天。唯有芸芸粒籽,不离不弃人间。

## 【南歌子】纳凉

碧水摇沙白,银钩卷苇青。无眠有梦入涛声,信步涟漪遐迩逐星星。
一片闲云落,千层软语听。高天料是我心情,捣碎寒冰直下迸金萤。

 秋华

【菩萨蛮】立秋有思
观涛情入长流水,晨曦染处心帆起。雁阵索新愁,望声无计留。
当归归又去,白发归何处?误了那时春,空余漂泊身。

【添声杨柳枝】寄红豆
芸豆当收藤蔓残。欲关园。雁声何意过东阑。索归言?
红豆未寻芸豆染,江南憾。几重云叠有无间。取红胭。

【鹊桥仙】七夕
风掀远浪,月明津岸,不寐离人几妒。一围灯火向星桥,清波上、烟迷别路。
流光生怨,望洋长叹,搅动愁肠无语。玉簪不慎划天涯,盈盈水、倾情何诉。

【瑞龙吟】龙舟击水
大河宴。天扫重雾清纯,白云如练。花红碧水涟漪,轻雷细滚,高牙漫卷。
放飞箭。但见小舟追浪,雪堆几片。蛟龙骁勇凌波,楫扬欸乃,高呼两岸。
乡韵铿锵扬起,漫歌轻舞,挥绸旋扇。艾叶小鲜飘香,甜簇珠馔。年年有忆,湘水同声叹。灵均矣,高标击节,清魂书传。短赋千年挽。
纵然万里,天涯有唤。故国何曾远。抬眼望,阿翁稚童相伴。八方劲旅,拳拳夺冠。

## 【祝英台近】叶落时
簇蒹葭，堆卉木，泉眼育青浦。溪水潺潺，击石诉柔语。山中自是逍遥，红黄野果，孹枝上、倩谁来数。

乍风动，一叶知晓炎凉，随当去还去。徒手相留，斑驳恰侵雨。断脉犹记云烟，芳华不再，似懂我、残心同住。

## 【尾犯】秋词
长夜碧天凉，飞镜缺圆，凭自幽转。促织音稀，更归鸿声断。芦花白、招摇泽渚，瘦荷残、香销寂苑。菊魂遐迩，桂韵清凌，情寄望中远。

萧萧缘落木，拾叶并它团扇。愁绝何堪，共霜花红灿。蒻烛泪、心池盈满，伴浮云、乡思缱绻。当呼宋玉，可把新赋来重换。

## 【秋蕊香】柿子红透
秋野绿残花瘦，唯有繁枝红透。灯笼漫挂玲珑秀，带露含霜时候。

品中滋味弥香久，赛醇酒。难为叶脉长相守，共与朱颜牵袖。

## 【秋蕊香】雪乡柿子红
新雪乍侵荒甸，山色寂寥幽婉。多情谁在寒中卷？几树红颜华灿。

墨匀老树虬枝干，冰花绽。御风摇曳霞光远，直把清霄熏暖。

 秋华

【南歌子】奈何小词香
冻雀鸣声短，枯枝月影长。
一杯清酒又添凉。无梦奈何笺上小词香。

【沁园春】（苏轼体）秋叶赋
飒飒秋风，舞我姿影，扬我豪情。看临街彩树，华升烨烨；群山赤练，焰烈腾腾。经络弥坚，血腔膨胀，最是逍遥记此行。凌霄事，更品聆天语，截揽鸿声。
迩来一地晶莹。舒卷处、化身仙蝶形。对污沟击水，凛然赴难；清笺琢赋，义气长荣。离桨飘零，客心孤寂，残叶衔香作笛鸣。来年早，又新眉再画，枝上高擎。

# 冬韵

(二零一八年二月)

### 风雪辞小年

丁酉威风极,依然叱咤行。
举冠云色坠,振翅羽华生。
银甲漫霄舞,素绢枝杪萦。
蜿蜒山伏象,暗涌水无声。
笛瑟难成曲,风吟未了情。
冰心何所结,眷意自天成。
但取玲珑影,犹存素洁名。
昭昭恭戊戌,瑞犬共峥嵘。

 冬韵

### 雪似烟
风吹雪似烟,旷宇几峰巅。醉眼天还地,焉知不是仙。

### 新年感怀
拂丝难去疫,徒浣几番尘。换岁琼花旧,虚怀润字新。
笺开遐迩梦,舟度往来人。呼唤灵霄气,九垓清俗身。

### 宵禁感怀
生来何所以,跋涉一微尘。风雪频催老,毒瘟肆历新。
警声传侧耳,陋室固斯人。幸有书诗卷,相左梦中身。

### 对雪
二月雕新景,枝条扮妪翁。玉阶惊雪曲,楼角舞清风。
万马吟声绿,千章写字红。书生凭意气,抖擞击长空。

### 花万朵
纷飞花万朵,昼夜共清明。离泪化飘絮,冰心结坠琼。
东西何缈去,上下共来生。欲得天庭语,风中一笛横。

### 初雪
归期未负渡苍茫,落絮飞纱自在扬。
依旧梨花千树白,俗尘不染未粘香。

### 流风回雪
阶前砌玉又欺春,天地浑然旧也新。
一抹桃红悠小径,流风回雪立佳人。

### 年初遇雪
昨夜贪杯仙子醉,翩翩出阙走天涯。
今朝酣作枝头卧,缱绻晴光做玉花。

### 雪后
抱雪琼枝垂玉条,小园晨景肆招摇。
贯随愁叹清秋叶,怎及皑皑更可雕。

### 早春风雪
非烟非雾瑶池宴,仙子倾杯藏宝殿。
撒絮飞花驾大风,河山齐唱春之恋。

### 己亥年冬至咏冬景两首
#### 其一
咏雪逢时时太久,半年都见尔飞扬。
何人惹汝蛮横意,锁个冰封天地荒。
#### 其二
钓雪无舟无雅趣,天开厚意在群山。
皑皑直下随风去,叱咤琼花仙境间。

### 初雪
琼花款款坠阑干,相戏阶前未觉寒。
残叶扮妆环玉珏,枯枝着色结冰盘。
风开大野回音少,雀过楼头去影宽。
莫喜琼纱惊乍现,自兹半载用心看。

## 【菩萨蛮】岁末有怀

（一）
庭前检点梨花魅，风吹过客绵绵意。无翅也翻飞，无香还靽衣。
芳心忧岁暮，阑外故人语。皓首两依依，盼归不得归。

（二）
蒙蒙细雨移时节，皑皑新雪轻离别。草色复唏嘘，绿裙映露珠。
人生何失得，一瞬一年隔。昂首对清霄，双轮自比高。

（三）
清风四季无心动，花残叶落缘如梦。枯杪肆娉婷，呢喃乡语萦。
归鸿游子意，书信青衿以。弯月又如钩，心思挂上头。

（四）
晓风吹散冰河雾，飞鸥已在长空舞。霞色御轻寒，金乌驾紫鸾。
何须长忆忆，时序由来急。物是物还非，忍堪常盼归。


## 【菩萨蛮】初冬过雪雁

翻飞漫舞翔如雪，大河上下鸣声叠。莎草籽当餐，悠闲小息欢。
归程何计远，展翅冲霄汉。南北是天涯，渚沙有我家。


## 【蝶恋花】天花坠

似醉还狂零乱步。起落随风，幕下轻盈舞。妆点琼枝雕玉树，清弦奏出歌无数。
一载不辞途上苦。辗转清霄，采撷瑶池露。荡尽红尘污垢处，痴心莫错香如故。

【一翦梅】佳节彩灯夜
旷宇清霄过几多？明镜勤磨，桂树婆娑。此间堪比九霄呵，街淌星河，楼泛银波。
不歇春心染醉酡，棱上红珂，檐下青罗。照辉明月细穿梭，抱阁偷窥，入院嗟哦。


【玉楼春】早春风雪
撒花扬絮司春雪，天坠星榆清样列。过楼攀树剪银装，长笛清歌同响彻。
句芒何故司寒屑，忘却新芽情正切。贪欢仙子玉脂娇，错把柳鞭邀素月。


【满江红】雪夜有抒
远去瑶池，奔腾急，斯情何切？关不住、翠华三集，俗尘三别。碧玉身前当可煅，黄花葬后谁犹洁？任翻飞、碎絮舞长空，皑皑雪。
昂首望，天欲裂。心坼碎，还清澈。倩谁随风上，九天填缺。安得此身怀此世，何堪此世常悲咽。纵有闲，任老梦苍然，筝弦烈。


【玉蝴蝶】雪花
随风轻诉迷离，清籁不违时。去去几荣衰，融衿未觉迟。梅心凭坠落，留取点霜眉。空怨几声悲，酒凉知不知。


【玉蝴蝶】雪夜寄怀
瑶池酬拜枝丫，寒色鞸绡纱。六出绘奇葩，丹枫树上花。斜风幽远道，林曲隔天涯。鸿雁不归家，韵声惊小鸦。

**【大圣乐】辞大圣**
腾壑飞山，潜探游水，俗尘穿过。屈指算，一载匆匆，入地窜天无数，磨难诸多。几番烽烟燃烈土，瞪双眼、金睛能奈何？苍天裂，纵千钧棒力，难敌滂沱。
经年也有恣乐。入虎穴、天风吟战歌。对八方妖孽，万箭击鼓，三棒追呵。不败残污，难消穷恶，唯叹今时乖坎颇。清修去，待归来那日，横扫顽苛。
2016年除夕


**【春从天上来】迎新年**
旭日新临。正浩海涛腾，百鸟歌吟。彩练揉色，清籁涵心。合奏一阕春音。纵人间天上，也收入、半垅诗襟。过晨光，看山河壮丽，草木幽森。
凭阑望中回首，忆往事云烟，岁月浮沉。老骥兼程，俊才承难，良药方里千寻。幸韶光初现，除恶疾、当信从今。惠风临。助九州威力，平野驰骋。
二零二一年元月一日


**【浣溪沙】初雪**
最是应时肆意飞，我歌我舞御风追。翩跹莫忘旧枝偎。
旧梦几番魂洁去，新姿又结魄幽回。长吟一曲挟天威。


**【春从天上来】迎牛年**
日托金牛。正跳跃东方，直上层楼。竞逐群鼠，圆睁双眸。长啸一阕清柔。唤征人幽梦，切莫把、呓语贪留。醉春风，试新光冷暖，逝水沉浮。
千年奋蹄期许，看怎抵今朝，劫难时候。横扫硝烟，涤除瘟疫，英气直达全球。欲诗摹牛语，难运笔、老墨穷谋。白了头。对紫荧红灿，心素无求。

## 【沁园春】二零一六年元旦开笔

瑞雪逢时，新岁雅词，老墨雄风。正皑皑沃野，卧冰蜡像；凌凌草木，钓雪蓑翁。梦过中州，神游故国，欲把吟笺寄远鸿。流年里，更清歌几曲，心事犹同。

天寒好度从容。香茶暖、小炉火正红。念春秋诸事，顺开欢落；江河遗浪，念吉忧凶。醉看风云，闲听雷雨，度我诗文潇洒中。天涯路，又青松白水，畅往西东。

## 【渡江云】岁末杂感

冰鸾频入梦，欲翔广宇，抛却一身尘。雾迷云缕绕，影幻踪虚，廓处总无真。寥寥不语，剩清幽，梦去无痕。年又尽，匆匆如梦，瑞雪染黄昏。

弥珍！曾经沧海，戏说从前，惜流年逃遁。花信过，泥香已老，逝水离魂。清风却有怜娇意，旅驿中，长把香存。相顾盼，东风一夜催春。

## 【春从天上来】壬辰龙岁新正

雪舞蛟龙。正大地茫茫，素裹残冬。自在梅韵，料峭东风。往矣玉兔情浓。驾清云驰骋，洒香桂，大道长通。冷辉流，送亲情暖暖，爱意融融。

新年总怀新愿，有美酒盈杯，遐念无穷。爆竹声遥，桃符图旧，万缕思绪胸中。想中原佳节，今夜里，歌彻灯红。且从容。把一腔柔愫，倾与苍穹。

2012 元月

# 【喝火令】庚子年春吟

（平声韵十四韵集）

### 二零二零年岁末吟序

月轮十二，年度将新。雪花如约，静夜无尘。
树枝披玉，楼阁泄银。长河莽莽，黛岭津津。
皑皑大象，磊磊皓魂。群山遥望，思绪杂陈。
疫情一载，惆怅全民。滔滔肆虐，咄咄祸根。
白衣赴难，勇士献身。无情水火，有意邻亲。
钻研恳恳，捷报频频。芸台检点，诗赞情真。

**【喝火令】（第一部）归鸿**
羽傲江南软，心驰向北空。欲邀明月已诗穷。张翅一朝归令，千里御春风。
锁雾关天阙，惊雷震蛰虫。几番晴雨几从容。一路山青，一路水蒙蒙。一路野踪新景，尽入泪眸中。

**【喝火令】（第二部）黄花地丁**
欲伴萋萋草，摇风点点黄。小园荒径野溪旁。盘叶俗身如玉，花靥闪金光。
结籽绒球下，归途驾伞翔。信游何处不家乡。任尔风嚎，任尔雪飞扬。任尔砾催筋骨，我报早春香。

**【喝火令】（第三部）庚子春望**
夕照孤鸿落，春来两度悲。隔洋唯叹与君期。眉结欲开还促，心上乱缠丝。
欲唱阳关句，笺开觅柳题。雪融新草枉萋萋。道尽庭阑，道尽院中枝。道尽陌间三径，寄语报相知。

**【喝火令】（第四部）庚子年蜗居中赞救助者**
困锁蜗居久，情怀自沫濡。赋诗空许在冰壶。兰桨小园闲弃，蒿草共荒芜。
好德天生事，良谟壮士图。舍身同与道何孤。正赴城危，正赴路崎岖。正赴难中扶逆，育蚌待明珠。

**【喝火令】（第五部）咏竹**
拔节寒春急，披衣戴甲来。小尖何惧刺山开。幽梦入魂冰玉，阶路向云裁。

**【喝火令】庚子年春吟**

翠叶垂谦意,长躯避俗埃。尔豪成片又成材。欲许星眸,欲许月情怀。欲许日光高远,望影上天垓。

**【喝火令】(第六部)夜读品梅**
(夜读辛弃疾,由"一杯疏影"触动心迹)
几案临窗落,盈光对月津。旧书嵌句总弥新。残酒撷花浓处,谁不负青春。
弹铗讴歌远,英名刻字真。一杯疏影去无垠。我见冰心,我见玉之魂。我见影留高洁,尽在意中分。

**【喝火令】(第七部)清明杏花雨**
白雪腮容上,朱砂脉络间。一层香杪一层烟。三月酒村偏爱,同醉在云天。
蓓结融冰促,花开落雨寒。望君零落更缠绵。一掬樽前,一掬席旁笺。一掬宴中遥拜,许诺又来年。

**【喝火令】(第八部)庚子年春祭灭火中献身的英灵**
劫难无情火,兴风肆虐烧。望中腾焰促心焦。危树不拦骁勇,龙跃上清霄。
化蝶难从意,英魂几垒高。泪垂遥落万层涛。夕照山红,夕照水妖娆。夕照挽歌啼血,欲把去魂招。

**【喝火令】(第九部)庚子春蜗居戏雨画鹅**
细雨飞斜线,苔阶上绿萝。伏窗添彩画游鹅。红掌奈何横竖,凌乱未成波。
小雀悠庭院,鸣声上树柯。我随飞影唱呵呵。唱个云低,唱个雾嗟哦。唱个水环池绿,任尔喜穿梭。

【喝火令】（第十部）春上茶山
布谷幽春意，云烟笼瑞葩。翠裳层叠织鲛纱。雕玉蓓怀新结，芳韵不关花。
露绽玲珑朵，光催悸动芽。撷灵涵气聚精华。欲揽鹰飞，欲揽雀声呱。欲揽涧珠幽趣，抖落漫天霞。


【喝火令】（第十一部）听琴
涧壑稀音邈，峰巅野啸清。一时弦促一时盈。珠玉落盘神荡，仙苑眼前萦。
晓梦呢喃輭，寒泉缱绻萌。圻山排浪又雷鸣。指落梅香，指落竹空灵。指落韵中疏影，一一降天庭。


【喝火令】（第十二部）春雨日遥聚屏前唱酬
未觉前庭雨，皆因唱韵囚。絮飞花落辩悠悠。孤鹜正飞何处？屏上共霞谋。
浪影天光博，崖松涧竹虬。欲休茶盏复添酬。为解形无，为解象中稠。为解意含虚幻，起袖对沙鸥。


【喝火令】（第十三部）咏蜜蜂
草色苍然远，香风旖旎侵。粉容黄蕊报春临。新酿正逢时节，难负好光阴。
振翅无从歇，拈银又撒金。巧伸纤细嘴如针。未解晨光，未解夕阳沉。未解梦追芳尽，只恐采无心。


【喝火令】（第十四部）观"服藏禅茶"有感
沐浴邀云彩，推窗换素衫。弹纱三米又还三。仪式在神形外，滋味自相参。
老盏沉香定，新浮没齿甘。润心醒脑欲何贪。已度天灵，已度地安恬。已度物华虚淡，一瞬许平凡。

# 【点绛唇】庚子春吟

（庚子年春闲居陋室，试填《词林正韵》仄声部十九个韵部。）

【点绛唇】（第一部）老树干中筑雀巢孵绿卵图
老树逢春，枯枝喜绕新芽拱。巢层巧弄，轻落蛮腰洞。
绿润圆珠，孵卵慈怀宠。混沌梦，羽张风送，直把清霄拢。

【点绛唇】（第二部） 春雪戏雁
春雪晨来，盈盈小朵悠然降。软风轻荡，欲向花苞放。
归雁成行，歌咏声嘹亮。徘徊望，竟迷方向，错把梅花赏。

【点绛唇】（第三部）故园柳
花甸初开，故园春柳新妆翠。柔枝向水，婀娜流娇媚。
往事重来，风皱心湖碎。遊故地，梦萦去岁，柳下堪回味。

【点绛唇（第四部）故园春桃
点翠飞红，霞烟含露枝头住。临溪小路，山脚遮篷户。
斜干妖娆，风过闻轻语。叮咛句，那时别处，花落飘云绪。

【点绛唇】（第五部）庚子春武大樱花
如约春归，盈盈未把时光改。枝摇粉彩，依旧娇柔态。风雨涤新，小蕊冲寒界。携云霭，凝脂珠玳，仙子幽魂在。

【点绛唇】（第六部）庚子春题图余晖
只待斜阳，金光一道深情吻。沉疴未遁，却道风光俊。时序无常，何以长天问。心相印，影随逆顺，天使由来近。

【点绛唇】（第七部）春信
飞絮临窗，欲传信息呢喃软。枝头颤颤，小雀追风远。雪尽门开，新草侵神乱。朦胧眼，泥香小院，纤手扶藤蔓。

【点绛唇】（第八部）春来知更鸟
枝上橙红，望中几朵春来早。翻飞嬉闹，却是知更鸟。去岁别时，檐下新巢小。卿未老，此情正好，共待繁花俏。

【点绛唇】（第九部）鸥戏春河
河上春烟，夕阳烧处层层火。水腾镜破，沉浪开冰锁。鸥唱清音，霍地盘旋过。似唤我，忘机唱和，挥袖同商磋。

## 【点绛唇】（第十部）题图婵娟放舟
绿水千重，乌蓬绕自青山下。桃红岸画，双燕流连耍。
亭立舟头，素袂娇娥雅。清歌罢，木兰桨架，已过春烟那。

## 【点绛唇（第十一部）盼春
轻启窗帷，无风无雨晨风冷。半天霞影，檐上珠光映。
归雁何来，展翅伸长颈。春歌咏，频催梦醒，欲报双江景。

## 【点绛唇】（第十二部）春池
化雪融冰，津津争向青青透。夕阳时候，风景谁同守。
鸣蛰无心，归雁徒消瘦。惊回首，小池水皱。窥去鸳鸯秀。

## 【点绛唇】（第十三部）今日春分
时序匆匆，均分天意春光浸。圻冰收凛。雪向萋萋沁。
岁月留痕，不似云烟谶。一杯饮，与春同品，也取年轮锦。

## 【点绛唇】（第十四部）春雨新声
春雨新声，敲窗昨夜轻轻点。缠绵未敛，直待晨曦渐。
积垢难除，浊世浮尘染。眼眸湛，情如酒酽，看取心恬澹。

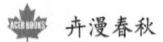

【点绛唇】（第十五部）—春问
何以萧萧，春鞭风肆催春木。新黄初育，正向新阳逐。浩荡东君，自此当诚笃。柳枝绿，勤施端淑，四野繁花覆。

【点绛唇】（第十六部）庚子年送别抗疫者
怀古悠悠，双江依旧吟黄鹤。推窗奏乐，答谢承天铎。荡扫凶疴，历险诚如约。欲相酌，泪眸相托，别意融金烁。

【点绛唇】（第十七部）庚子年白衣天使赞
别样春情，长风直上银鹰疾。双江鸣笛，抗疫求贤急。白发青丝，相聚高标识。共求索，医魂皓魄，名铸青峰刻。

【点绛唇】（第十八部）上弦月
风起云移，长空缥缈星辰列。凭阑小歇，新萼摇成蝶。心事流光，欲问同谁说。上弦月，嘻嘻眉靥，应约楼头贴。

【点绛唇】（第十九部） 春乐
谁弄春弦，绕声掠影飞三匝。楼头白鸽，檐下双双鸭。小雀喳喳，相问还相答。长笛杂，笙箫拖沓，寂寞寒风飒。

# 庚子夏吟百韵
# 夏之停云

序：停云：凝聚不散的云。《停云》是诗人陶渊明的作品。此诗分四章，其主旨正如序中所言，"思亲友也。"，故"停云"也作思亲友之意。本集试借"停云"这思念之意，抒山河故土、故人亲朋之怀。

又：古有元稹《酬乐天东南行一百韵》，前有《芸香诗社》诗友唐伟滨《庭院》百韵，今模仿一二，凑《庚子夏吟百韵集》，取《词林正韵简编》第四部平声:六鱼七虞通用。

浮云争出岫，梦幻作离驹。放影随形去，牵风得自娱。
移踪婀娜舞，肆性纵横驱。缱绻聚还散，悠然缓更纡。
清霄由逸趣，天阔任鸦涂。旷野追花雀，林丛逐鹧鸪。
时而侵险壑，间或上高衢。缥缈试津渡，邀朋共坦途。
民情当细访，漫路可茹荼。分黑与分白，辨多还辩无。

行来行远眺，似退似萦迂。照面崖如镜，停云影入湖。
扬眉传柳叶，润颊赛柔腴。在水佳人立，放舟兰桨趋。
纤纤伸素腕，脉脉露情愉。波荡摇青荻，风吹逐野凫。
遐思幽锦鲤，观画品衔舻。鱼跃迷层雾，鸥飞碎玉珠。
友盟含众众，人类去孤孤。食饵闲空篓，忘机作钓夫。

行且行无际，住还住一隅。停云行辗转，旅屐向崎岖。
水雾环霞带，淙泉入醉觚。扶摇千面顶，鸟瞰万生模。
松动空山翠，溪流乱石鸣。青苔何寂寞，修竹慰荒芜。
曲径津禅意，寒钟伴翠梧。猿鸣穿嶂叠，鹰击绕峰弧。
独揽凝眸趣，开怀胸臆呼。风光当守护，奢欲莫贪需。


行且行湘楚，拜还拜玉壶。停云观暗涌，梦境起鸣桴。
隐石藏真品，怀沙握瑾瑜。九歌吟旧句，橘颂酿新醙。
欸乃号声起，呼啦籁韵吁。旗旌扬水道，锣鼓镇瑶枢。
奋力争先勇，夺魁休滥竽。龙舟无谄媚，桨手不阿谀。
展翅飞鸾凤，青襟佩苇芦。千年传咏叹，一跃续醍醐。


舒卷未闲歇，停云赏市都。行行游旦夕，孜孜又踟蹰。
楼阁参差竖，画墙新旧摹。凉棚华彩挂，街角碧茵铺。
栩栩街窗物，暄暄歌舞区。香侵迷味蕾，酒入醉痴徒。
美女如飞蝶，酒幡正曳朱。涟涟离港水，绰绰白帆俞。
逝水何堪急，人生不解愚。蚁群原作祟，槐梦自难孚。


袅袅行行渡，融融坦坦舒。停云施霭霭，蕴雨笼酥酥。
偶得稀奇景，何来美画符。阴阴幽夏木，灿灿露琼株。
藕节藏身浊，荷花不染污。斑斓开月季，洁净郁强罜。
芍药融华贵，蔷薇比艳姝。丁香环紫气，藤穗展霞裾。
阆苑画中景，大观园里图。栽松归野鹤，挥汗有鸿儒。


时雨濛濛渡，停云隐隐逾。小园忙伺灌，篱畔主湮枯。
碧笋朦胧理，饱瓜检点梳。韭苗欢喜剪，花蔓认真扶。
折柳常存手，采薇堪入厨。分畦拈艾草，着带系茱萸。

伏地横青叶，攀藤坠石瓠。日蒸增壮骨，汗滴倍浇蔬。
倚树平斜道，凭阑享近郛。何须朝海面，但得御风疏。

无端行恶疾，玉宇奋讴乎。大难环球发，顽厮万众诛。
横行犹啮鼠，肆虐赛狂貙。入体侵心肺，蚕食似网蛛。
青年何幸免，老幼亦遭屠。八表无清地，半年累未除。
白衣诚赴险，老骥献劳劬。镜下钻研细，药调机理储。
停云愁解惑，酷暑未成炉。遮口防侵害，除恶惠风苏。

时雨何来急，停云无措沮。苍霄倾巨漏，暴瀑泻狂渠。
狄狄忽腾下，滔滔驰眇徂。潼潼淹沃土，溺溺没家居。
大厦须臾塌，生灵旦夕嘘。分流思大禹，止漏盼金乌。
辗转施长剑，纵横策的卢。雄兵收水怪，壮士斩妖巫。
筑坝金汤固，补天玄石据。风熏蒸万福，浪静乐无虞。

行且行悠邈，停云入雅谟。传声闻朗朗，入目使盱盱。
辟蠹书缘结，焚身故纸敷。芸台诚脱俗，芸草信香殊。
一众芸芸聚，盈窗习习俘。清音何所似？吟赋许相濡。
坦荡少思虑，悠然不计铢。诗情随皓月，心语刻青蚨。
依样也挥笔，勤耕似画葫。夕阳无限意，白发蔚桑榆。

# 庚子年初【西江月】词组并【诉衷情】

**【西江月】庚子年首望乡**
忍对春迟风戾,更怜险阻门寒。望中江月泪痕潸,心绪随波漫卷。
天老人情常在,薪微爱意犹存。扶危已聚众贤良,雷火同行送暖。

**【西江月】庚子年元日**
雾乱双江长夜,笛吹三更悲天。约来元日不凭阑,却把相思难掩。
入目萧萧枯树,临窗隐隐家山。且将诗句拜婵娟,一轮清辉正满。

**【西江月】庚子年痛悼为抗疫献身白衣战士**
春水汇流汉水,雪花漫做鲜花。江南塞北万千家,哀对银屏泪洒。
妙手堪当国士,清魂镌刻龟蛇。鹤飞西去驾红霞,泣血长留此画。

庚子年初【西江月】词组并【诉衷情】

【西江月】庚子年痛悼为抗疫献身白衣战士
都道寒梅傲雪,谁知妙手怀金。白衣热血奉真心,清泪为谁沁沁。
茌苒岁华正好,壮哉征阵亲临。栋梁魂断痛难吟,酒洒九天哭甚。

【西江月】庚子年首寄友人
送子远行难舍,出征扶难还催。临窗曙色又熹微,忐忑却收老泪。
砾下曲身救急,疫中彻夜匡危。迷蒙已把战袍披,往事连篇不寐。

【西江月】庚子年首寄守路老学友
闻道故园飘雪,望中旧影粘尘。徘徊路口几闲人,却是布兵摆阵。
阔处冷风凄厉,心怀热血弥真。任他蓬鬓发如银,不教疫灾隐遁。

【西江月】庚子年山东老乡支援武汉蔬果水饺有记
大蒜肉身圆润,青葱绿叶婆娑。轻装车上一箩箩,粗手精心挑过。
水饺鲅鱼入馅,汤圆蜜饯成坷。亲亲含泪唱支歌,此去安然为妥。

【诉衷情】庚子年首写给剪发赴疫地的白衣天使
眸转,霞闪,长发剪,照英姿。驱恶疾,心急,御风飞。
莫道女儿痴,频催。扶危鸣响雷,未嫌迟。

## 【六幺令】蜗居怎个了

枯枝无事,闲击晨风扰。一帘梦幻逃遁,窗外影飘缈。半载长冬过半,却说春来到。东君玩笑。冰封荒野,陋室诗书也难巧。

辗转难寻幽趣,虚度新光早。餐后茶尽香余,对雪花姣好。街上行人仨俩,罩面风流貌。雀儿音杳。远山在望,试问蜗居怎个了。

2021年元月

## 【千秋岁】庚子暮春

一帘之外。庚子春将退。香风软,花心碎。斜阳留画意,孤鹜衔酡咙。珠有泪、欲随去影遥相对。

幽梦明湖会。兰棹莲蓬蔚。津渡远,廊桥美。子衿依旧许,书寄何曾醉。烟波里、浪腾玉影游华桂。

## 【望湘人】(贺铸体)观谭盾云指挥《武汉十二锣》

恰雷霆咋裂,银汉漫腾,铎开声彻清宇。念唱云随,管弦共许。四海期来相聚。六韵双分,两厢环奏,祥光遥渡。手足情、屏上相牵,次第星辰传处。

从意琴台远古。概无垠曲调,物灵人悟。记黄鹤新踪,欲火又张新羽。悲悯意,普世同心谱。不计东晨西暮。隔万里、次第舒怀,为把家园看护。

# 咏菊

（一）《忆菊》
九月新黄惹乱思，征鸿辗转欲飞时。
绕篱犹记簪花趣，对酒常寻约旧知。
一掬清灵侵瘦骨，半轮魂魄入情痴。
迢迢羁旅归途远，代我家山应约期。

（二）《访菊》
阡陌逐鸢尽兴游，黄花未见屐痕留。
盈盈最是霜前好，灿灿犹为篱下秋。
莫负晴光千里爽，当存暮霭一丝悠。
春来小院请三掬，三径许他挂满头。

（三）《种菊》
觅园偏要向西来，苗种学他篱下栽。
韡叶勤勤青翠叠，抱枝款款秀花开。
霜侵金盏添妍色，香溢培炉暖醉杯。
撷取芳容藏玉缶，甘醇莫教染尘埃。

（四）《对菊》
恬淡心思缕缕金，开怀不计已秋深。
晨曦巧奏凌霜曲，紫气徐来滴露吟。
孤傲难为凡俗趣，悠然只待玉瑶音。
报香恰对一知味，共取清灵几寸阴。


（五）《供菊》
玉瓶邀得远来俦，小蕊初开月下幽。
浅浅新黄匀素意，泠泠苍碧挽清秋。
传情傲骨弦音度，临卷香魂笔墨游。
晨露未干花解语，君心大雅我心留。


（六）《咏菊》
绕圃观花孤自品，开弦也谱冷香音。
新霜恰对清魂写，玉露当逢皓魄吟。
倚石轻描金粟愿，凭阑疲曳晚秋心。
陶园千载悠然句，笺上墨痕流到今。


（七）《画菊》
西风未许惹疏狂，一抹娇黄细度量。
小隐心思花瓣雨，疾舒胸臆叶绒霜。
虚环黛墨呈高洁，斜卷苍痕散暗香。
笺上时光深浅度，半篱疏影笼朝阳。

（八）《问菊》
离雁几旋别旧知，拈香撷影绕残篱。
归来总是春晖晚，此去还从秋色迟。
逝水常怀幽远意，落英可有向空思。
长鸣一曲君须记，记得同音雪化时。


（九）《簪菊》
一笼疏枝半载忙，残秋额上烙寒妆。
花前恋慕痴吟幻，月下幽思呓语狂。
小朵轻拈犹带露，镜心斜插巧环霜。
休论发少簪难久，遗韵遗香逸鬓旁。


（十）《菊影》
参差顾盼萧萧景，舒卷屈伸肆意中。
夕照篱疏光旖旎，月衔茵碧露玲珑。
莫怜影绰身无色，当识魂清意不空。
霜重风狂秋瑟瑟，抱枝涵醉墨朦胧。


（十一）《菊梦》
秋意秋声入梦清，坠红擎素正分明。
梅香那日曾应约，菊傲今时还续盟。
贯对征鸿肠断曲，不依鹦鹉舌嘈鸣。
客身犹素阿谁语，呼尔梦中常续情。

（十二）《残菊》

枯枝斑驳任斜欹，承露残荣护蕊时。
依旧青丝怀玉系，还余细络抱香披。
甘为彩蝶留花晚，未觉秋风送雁迟。
梦里蛩声鸣已远，此情留待一冬思。

摘书作注：这里借用宝钗的解说："起首是《忆菊》；忆之不得，故访，第二是《访菊》；访之既得，便种，第三是《种菊》；种既盛开，故相对而赏，第四是《对菊》；相对而兴有余，故折来供瓶为玩，第五是《供菊》；既供而不吟，亦觉菊无彩色，第六便是《咏菊》；既入词章，不可不供笔墨，第七便是《画菊》；既为菊如是碌碌，究竟不知菊有何妙处，不禁有所问，第八便是《问菊》；菊如解语，使人狂喜不禁，第九便是《簪菊》；如此人事虽尽，犹有菊之可咏者，《菊影》《菊梦》二首续在第十第十一；末卷便以《残菊》总收前题之盛。这便是三秋的妙景妙事都有了。"

# 咏荷

**【虞美人】咏荷花（借咏荷字词填词）**
娇姿欲滴香吹定，点缀琉璃镜。凝铅写素堕平波，朱粉翠光交映照星河。
幽情曳绪魂何处？雪坠瑶池露。花之君子意悠然，笑展幺红一点媚清涟。

**【虞美人】咏荷花**
盈盈仙子凌波舞，谁解缘中赋？霞云一抹醉天娇，笑伴连天琼碧拓夭夭。
清辉拂面裁霜雾，皓月遥相慕。素心高洁苦何妨？结下青丝幽缕寄魂香。

**【虞美人】咏睡莲**
小池澜静藏仙子，梦里幽宫事。悠悠水底一声歌，缱绻柔姿挥袂渡凌波。
抚风倚浪尝清露，曲直何须数。托红升绿自从容，闲看流莺飞过几重重。

**【清平乐】月荷**
暖风霏娓。月照池荷醉。玉面盈光如涵水，香粉匀施娇媚。
今夜共尔无眠，锦字心上千言。但取冰丝玉络，依依镶嵌眉间。

**【一翦梅】对荷**
池畔萋萋草色稠。不潜清波,难掩花羞。青裙粉朵照晨曦,摇曳琼英,别样娇柔。
我自亭亭我自悠。珠润风骚,香袅闲愁。此心惟愿与君同,红也无求,素也无求。


**【苏幕遮】红荷**
采银波,匀碧叶。暮色横塘,几朵红云迭。照影琉璃涵皎月。悠拢烟霞,小蕊何清绝。
额生香,魂泣血。一世情缘,试共谁人说。遥对三千寒昔玦。若扣环环,莫教轻离别。


**【殢人娇】小塘赏荷(寄种莲客)**
梦起清莲,濯浪飘飖曲苑。心归处、及泉成畹。柔怀暖玉,但惠风吹漫。林密处、红擎粉堆款款。
碧叶闲开,熏霞幽翳。寻一朵、水停云断。经年烟雨,对凌波情转。悠然去、月痕盈杯向晚。


**【眉妩】咏荷**
正红云摇浪,翠盖翻波,娇媚惹人妒。十顷瑶池水,清凉散,涟漪遥接天幕。柳烟绕渚。伴榭台、幽径香路。豁然事、尚有溪亭梦,借他碧湖住。
寻渡。兰舟争处。过藕花擎玉,荷叶承露。为此何妨醉,轻挥棹、佯装相戏鸥鹭。蔓牵日暮。幻影中、霞色飞舞。问公子何来?花瘦否、可相护?

 咏荷

以"莲花过人头"句五字为韵

序：《西洲曲》是南朝乐府民歌，其中有句"采莲南塘秋，莲花过人头"，现取其"莲花过人头"五字为韵，各赋诗写"夏日荷花"一首，随作"咏夏荷"五首。诗五首，试图借夏荷之景像，引宋代女词人李清照之事之典，将景与典串连为篇，将远古与现时融合成趣，并无严谨的剧情与时序，随意随性。

（一）
流波醉眼媚红莲，滴翠擎珠碧叶鲜。
白鹭分花寻旧渡，夕阳偷入吻香研。

（二）
半湖青叶半湖花，红藕罗裳不可遮。
棹过相思千万路，兰舟未系早归家。

（三）
忘情鸥鹭殷勤过，鸟瞰芙蕖波上卧。
便是仙人也叹惊，九天开口莲珠唾。

（四）
凌波伫立俏佳人，粉墨淡浓颜色真。
好借莲头留淑玉，香笺清冽影相亲。

（五）
莲蓬稚嫩已伸头，鸿雁未归月满楼。
翠盖常怀莲子意，人情但做水波流。

# 咏月季花

**【竹香子】咏月季花（七首）**

一

瑞雪频催幽梦，绿意急旋漫送。长虹化雨落心房，欲唤春潮涌。

青芽刹那颤动，小刺儿、也把峰耸。寒中洗礼又重来，独把空篱笑弄。

二

独立含娇新朵，荡荡绿河小舸。香风月月不曾停，雪颊春先破。

茫然四顾磋磋，嫩叶儿、不识婀娜。闲园沐雨沐骄阳，烛炬高擎似火。

三

不慕峰巅山岭，不计乱园野径。何如隐谷佩兰香，自在无人省。

熏风几翦倩影，彩蝶儿、意许花梗。晴光润色巧分层，浅粉深红迭盛。

四

欲展香唇贪醉，静待昊天紫气。晨曦旖旎照玲珑，漫转胭脂意。

妖娆万种秀媚，赛艳桃、玉颊霞蔚。凝霜润雪覆红黄，细把眉间彩绘。

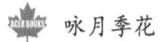
咏月季花

五
道是梅花堆雪，又似海棠映月。纱绡素缟剪柔荑，引坠瑶池蝶。
冰心宛若露洁，化玉魂、舞动天阙。华容皎皎立芳姿，别样皑皑笑靥。

六
料是多情深嵌，似水眼波潋潋。浓来只作血涓涓，脉络侵香染。
幽怀四季漫揽，为玉人、未把心掩。吞冰卧雪有来时，刹那团团火焰。

七
独立枯枝花盏，未改雅姿烂漫。红衣脱尽蕊心残，未把时光怨。
舒芽一幕梦远，隐入泥、玉魄相伴。风雕雨刻寄香痕，笑过犹存恋眷。


【虞美人】咏月季花
舒芽新穗寒中起，雪染云霞洗。东西南北客随缘，阡陌扎根孤傲也娇妍。
春光四季常相驻，月月繁花吐。紫唇曾向海棠飞，赤蕊又将秋菊腊梅追。


【虞美人】咏月季花
依依绽放容颜醉，清露幽香坠！含苞焰火欲烧天，踏雾浮云仙子降凡间。
清纯挚爱谁能比，总把柔情寄。粉黄红紫各风骚，不尽心思迢递送春潮。

# 【虞美人】咏牡丹花

（一）【虞美人】咏牡丹
菱花晓翠蔷薇叠，白玉青山雪。娇容三变似荷莲，一品珠衣擎桂赛珠盘。
赤龙焕彩朱砂垒，皇冠银红对。漫幽娴雅紫重楼，淑女装蓝田玉绿香球。
（据说牡丹花有600多个不同品种花色，花美花名也美，摘取部分花名凑得虞美人词，其中"青山雪"是"青山贯雪"，"银红对"是"银红巧对"。余下的皆为正式花名。）

（二）【虞美人】咏牡丹
姚黄魏紫人称颂，团锦清香动。雍容雅丽自天成，红艳素华仙质韵中凝。
娇容可借神难似，羞煞诗书士。为描新景赋新词，却被花王俘获变花痴。

（三）【虞美人】咏白牡丹
皑皑几朵留春雪，惊醒天边月。轻柔恰似渡浮云，冷艳琼葩焉可坠凡尘？
铅华不染情高洁，素韵冰心结。寒香一抹写从容，醉了清溪羞了早春红。

【虞美人】咏牡丹花

（四）【虞美人】咏黄牡丹
婆娑翠叶悠闲态，各有风姿在。碧盘似玉托花娇，笑靥含情华灿绽金苞。
朦胧醉眼含新蕊，几簇黄珠缀。层层叠叠向阳开，一样辉光两相对幽怀。

（五）【虞美人】咏粉牡丹
晨曦一缕清光浅，宛若霓裳卷。祥云恰好落花容，玉面匀描新彩意无穷。
含羞戴粉由来妙，未掩冰肌俏。层层缱绻复重重，我自逍遥舒展散香浓。

（六）【虞美人】咏紫牡丹
花中魏紫风姿雅，拙笔难描画。凝眸笑靥见华荣，片片柔唇开启玉光萦。
容颜厚重融奇色，浅泼深匀墨。仙葩自信取瑶台，灌得清珠滋润下天垓。

（七）【虞美人】咏红牡丹
春光更许红颜好，未负殷殷早。描眉只爱取朱砂，一笑浮酡添笑一层霞。
夭夭未把轻浮取，但得雍容住。冰肌玉骨蕊成金，拈赤柔丹清泠去尘心。

（八）【虞美人】咏牡丹花
碧波霓彩熏风剪，仙子环仙苑。罗裙款款秀缤纷，浅笑轻颦眉上寄朝云。
冰花贴颊香脂复，点蕊玲珑玉。锦荣凝蜡一身霞，漫转低旋凭自散光华。


（九）【虞美人】咏牡丹
软光煦煦潜濡勤。瞬瞬醒幽魂。长安别去路弥真，宫图堪画记犹新。梦殷殷。
青揉叶脉云描朵。洁碧清芳卧。落霞颜色绞绡纱。结苞润玉坠仙葩。月宫花。


（十）【虞美人】咏牡丹残红
暖风未护落红残。玉蝶坠阑干。红颜半载酿成仙。香丘谁作别婵娟。祭魂牵。
簪花几片屏前佩。老妪羞容醉。也承华贵富雍姿。取留一缕慰心痴。报相知。

# 故乡吟

【霜叶飞】故人有书来
雾垂天渺。清濛外、轻舟扬过江表。最勤鸥鹭对吟中，晓色空音妙。几相忆、纯情发小。书来如梦随云到。五十载春秋，诉不尽、萦回昨夜，依旧端好。
休去闲酹新愁，金杯迢递，逝水滋味多少。共匀圆缺话天真，试嗅青梅早。待摘老槐花正俏。攀枝罗汉粘知了。茉莉娇、凌霄艳，环辫香簪，朵儿偷笑。

【唐多令】饮他醉
幽梦向南柯。结愁白发多。绕故居、照影清河。月下分明无赖趣，吹柳叶、唱山歌。
银汉过星梭。往来谁奈何。再相逢、执手呵呵。闲话寒窗无限事，饮他醉、看秋波。

【一枝春】樱花湖赏樱
做巧东风，瞬时儿、剪素裁浓随兴。飞红鞞粉，闹了满庭芳影。招蜂引蝶，正寻醉、老柯新景。千里路、霞色佳人，惹来踏沉香径。
柔夷莫嫌玉冷。浸凝脂、小朵珠玑辉映。嫣然浅笑，酥蕊几重幽静。梅情雪意，此心此脉空灵咏。归去兮、恣意风华，漫天试靓。

【念奴娇】荣成马拉松赛
望中故地,见长虹新彩,遥追云迹。鸥鸟忘机翔自在,白浪波连天碧。楼立樱丛,桥横水甸,伴绿茵茸密。瑶池仙苑,画中风景历历。
翁妪击掌欢歌,响锣重鼓,呐喊声声急。如骋如飞多矫健,赛场有缘相识。肉腻鱼肥,茶香情重,宴八方来客。天涯诚约,尔来听续鸣笛。


【飞龙宴》】辛弃疾故里凭吊
春来吊古时,遥墙沃野,清河精物。仰止碑亭,踏层阶拜人杰。正是英雄壮烈。铠甲外、剑光寒彻。气吞万里,胸怀高远,待发双睛切。
堪说。谁解功名别。任凌云鞯鞳,振词龙阕。梦里孤灯,放飞镝补天裂。夫万旌旗叠叠。啸长空、壮心如铁。看谁敢越。长吟一曲悲歌绝。


【瑞云浓】蓬莱问句
琉璃烁彩,飞檐衔接云雾。飘渺楼层入天府。浮波漫卷,绕峭壁、呼从鸥鹭。古木翠华环,任闲花碎步。
人道瀛洲,今古事、熙熙众赴。我欲蓬舟御风去。不关求药,念念中、也闻仙语。淑玉何来,梦萦问句。


【曲玉管】送友人
雾锁澄江,霜凝翠岭,凉风习习天开晓。雀鸟还寻幽梦,谁解清宵?自轻聊。逝水迷踪,孤帆悠挂,万般不耐闲情扰。雾散霜乾,顾盼晴朗新朝,艳阳娇。
怎奈秋愁,此番去、归程何在?酒红昨夜香杯,迷蒙醉望银桥。碎云飘。叹时光苍老,聚散无由凭道。梦追篷渡,月洗年华,露打尘嚣。

故乡吟

【一斛珠】美哉天鹅
幽湖倩影。碧波荡处浮云映。涟漪层叠谁驰骋?客落长天,几曲清歌咏。
白羽轻梳眉眼赠。悠分黄喙伸香颈。秀姿亭立珍珠镜。展翅齐飞,月下终生订。

【风入松】登刘公岛感怀
天风寥廓御帆张。卷浪疏狂。鸥鸣也唱英雄曲,忘机否、前鉴桅樯。难掬烽烟往事,幸存碑碣华章。
炮台虽老意休凉。镂刻衷肠。如今热血应还有,问谁如、威武儿郎。铁笛繁花吹彻,锦霞赤胆流芳。

【孤鸾】秋思
秋思多少。露下打枯枝,雁声离早。旧约遥遥,念念里何时到。闲追梦中蛱蝶,入空阶、骍藤衰草。欲寄新开黄菊,不见长安道。
鬓发霜欺,汉河转老。别去故园人,亲亲可好。断续鸿声远,记取曾经笑。簪花一枝冷傲,对层云、问谁知晓。孤影月华难剪,更添愁丝绕。

【临江仙慢】天鹅湖冬景
半岛有瑶圃,一泓碧水,千里银波。向湖畔、涟漪几吻青萝。情多。御风素翦,花幽坠,碎玉婆娑。无垠处、有雪蓬飞过,长队高歌。
天鹅。翩翩远客,娟倩波上穿梭。意隆隆、舒展白羽蹯蹯。欢颇。赞佳人颈,伸还曲,美喙如酡。亭亭影、任漫腾悠落,闲步轻挪。

【定风波慢】巍巍泰山
岱宗夫、气宇轩昂，英姿贯达绝顶。角触天都，灵通万古，威武坤维定。立巍峨，卧绵亘。冠上迷蒙有仙境。幽胜。正峭巅直上，排空千顷。
拾阶入奇景。泻清泉、壁上飞明镜。躶云霞、紫气祥光变幻，波涌浮沉令。籁声停，寺钟磬。苍碧虬枝老松静。何幸。倚恃嵯峨，遐思驰骋。


【八声甘州】崂山拜茶
任千重巍峨接高天，秀峰入苍穹。更祥云萦绕，明霞濡染，旭照飞虹。峭壁鸣泉几挂，润玉湿青松。海浪堆层雪，漫送和风。
如此仙姿妙景，试碧琼潮涌，茶色空濛。待幽珠暗结，芽翠拢春绒。自清凉、月华甘露，任逍遥、舒卷恣从容。情何胜、烟澄日暖，尽在香盅。


【归朝欢】孔子
一部春秋星际落。驾驭鲲鹏翔未泊。中庸有道度宏论，杏坛释义儒家学。诸国分韬略。仁心远足传阡陌。伟岸立，堂堂九尺，正气抒华魄。
施礼相逢承一诺。君子修身重相托。三千弟子继争鸣，清音示令声声铎。世人犹探索。圣贤何以还先觉。莫忘记，书生之劲，能把国门拓。

# 山水游

【南歌子】千户苗寨晨曲
绿带横山起,黄纱绕水缠。晨风不怠拢云烟,恰似多情仙子舞翩跹。
栉比红楼远,参差黛瓦延。小桥清影入花环。有梦何须凭古觅桃园。

【步蟾宫】梵净山仰止
烟层漫锁幽峰顶。蛟龙越、迩遐浮景。红云瑞气绕禅厅,九重上、幻虚仙境。
梵天净土由来静。雀和燕、岂能高咏。谦谦决眦拜空灵,荡胸臆、念随风乘。

【如梦令】加榜梯田
幽菊莫名高绽,鸾羽纵情轻剪。镂刻在深山,可是女娲遗卷?流灿!流灿!新绿迭层春扇。

【楚云深】万峰林
春山袤翠烟,碧陌芳幽畹。跌宕万峰林,重彩描奇卷。
群龙列阵威,宝剑陪罗汉。迭帽卷风云,紫气浮清旦。

卉漫春秋

## 【南歌子】黄果树瀑布
（一）
试水迢迢远，幽幽一路徊。休弃细流微。聚波成壮阔，把山摧。
（二）
白练凭空落，珍珠数丈飞。腾雾送惊雷。壁崖盘老树，美名随。

## 【武陵春】武陵源咏叹
耸立危峰雕百态，奇石冠烟云。御笔风雷千古痕，仙女抖花裙。
昂首长嘶唯骏马，老绿记山魂。天子将军各守门，峭壁有田囤。

## 【锦堂春】东川红土地
岭外幽居雅，田间裸露红花。转梯百变橙黄紫，欲接半天霞。
老树趣环顽石，彩虹绘色人家。卷云奏乐神仙地，缺月抱琵琶。

## 【浣溪沙】梦幻荔波
曲径源头宝石寻，婆娑翠竹绿津林。涧中激浪撒甘霖。
迭嶂峰峦镶古寨，纵横溪上荡清音。夕阳残照水流金。

## 【天净沙】稻城亚丁
山峰品字摊开。白云飘逸风裁。碧草银波美哉。
景来天外。驾云高处成排。

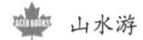 山水游

【荷叶杯】秀美普者黑
远眺田园波上,轻荡。山坐水中央,幽峰遥对扮新妆,侵影也流香。
莲叶接天琼碧,情密。相识似西湖,波光明丽撒珍珠,闲处结仙庐。


【天仙子】元阳梯田春意
攀壁穿崖掀绿浪,疑似龙蛇游岭上。
青禾郁郁立环山。林茂茂,寨连连。灰瓦飞檐云雾牵。


【春光好】沙溪古镇
清风暖,彩云闲,水缠绵。小雀过檐闲趣,着花鲜。
小巷泰然尘外,春烟缱绻山巅。香径由来车似水,尽欢颜。


【楚天遥】白马雪山
瑞雪卧群山,白马遥驰骋。莽莽峰颠冠白头,独揽风姿盛。
绝顶驾飞虹,一任冰清冷。激荡层云胸臆生,决眦孤鸿影。


【华清引】海螺沟日照金山
晨曦紫气出东方,只待骄阳。雪峰如练飞挂,凌凌闪瑞光。
彩云旖旎正高扬,霎时巅上辉煌。碎金呈万道,通透几山芒。


【醉太平】盘锦红海滩
叠霞簇远。柔波任浅。渚滩芦苇曳姿软。漫随霓彩卷。
纤纤蓬草韶华散。春夏度,酡容晚。水鸟低吟过堤岸。展喉谁在唤。

【兰陵王】白石山暮云晚霞
一团火。燃似灵霄艳荷。腾清岫,环绕众峰,策马扬鞭御风过。仙山也并裹。巍峨。千帆竞舸。滔滔浪,悠卷雪堆,腾跃挥金桨银舵。
娟飘锦绡翬。织女撒天花,忽右还左。黄藤橙蔓交婀娜。舒卷肆情转,合开遐迩,随他垠际幕险叵。揽霄自由卧。
切磋。变云朵。也把九霄遊,来去皆可。逍遥更把青峰坐。却不索金殿,不求银垛。拈花纤指,愿世事,似这个。


【喜迁莺】高山雄鹰
喙似剑,爪如钩。铃嵌做精眸。长空展翅戏云游,寥廓放歌喉。
曳星旒,携电影,志在山峦峰顶。九千峭仞有相期,紫气正迷离。


【望远行】色达五明学院
绛色珠光肃穆生,遥从幽谷照心明。萋萋本是草缠藤,如今绵宕紫霞萦。
乌金去,净徒荣。转经情致不曾停。晨曦相伴诵吟声,经幡苍树绕台城。


【醉高歌】九曲黄河第一弯
坼冰掀浪雷声,跨壑腾崖巨影。飘飖黄带遥天赠,九曲由兹景盛。
千重去路堪更,万里长流几并。环青顾翠环水映,最是多情叹咏。

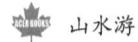 山水游

【万里春】红石滩赞
清波浪漫,直向霓虹河岸。忒情浓、醉吻香颜,任朱砂细卷。
石上苔痕挽。你中我,串连成片。荡红云、十里缠绵,把韶光都唤。

【占春芳】新都桥草原
花草闹,牛羊叫,此处有芳春。极目峰峦层叠,畅游荡荡闲云。
去水映光痕。有佳人,娇色留存。笛声悠远霞光碎,飘落无垠。

【临江仙》】金沙江第一湾
浩瀚金沙江水阔,滔滔一路雷霆。阑干拍尽未休惊。凭眸遥望,澜上渡云层。
三壁夹江奇景在,一泓弯月留名。环山莽带树长青。鹰飞何处?浪吼没猿声

【水龙吟】咏长江
雪山巍峻云烟接,山麓小泉幽静。珍珠滚动,溪流汇聚,潺潺倩影。四面吟歌,八方通达,向东驰骋。正越谷泻川,环峦绕甸,行无阻、波涛横。
邀入金沙美景。过平湖、瑶姬揽胜。千般风貌,万重雷啸,琼花清迸。豪杰弄潮,英雄扶难,撰书传咏。念滔滔逝水,恩怀亘古,物华长赠。

【平湖乐】渡口横舟
长堤黄叶报深秋,寒水清波皱。问语何因失江口,两横舟。
老瓮香溢新醅酒。青衫风透,为谁守候,伫立不回头。

【水龙吟】黄河入海
茫茫大地巍巍岭，九曲黄龙飞越。含冰披雪，携雷驱电，横开天阙。穿壁吞沙，驾云填壑，去程心切。恰白浪多情，缘牵双色，黄波滚、蓝涛迭。

沧海桑田辽阔。问何人、这般豪杰。碧茵堤外，芦风吹笛，槐花戏蝶。鸥鸟无机，蜉蝣闲趣，各司忙歇。步迂回栈道，凌空高塔，揽他霞缬。


【小重山】长城之春
灼灼华姿岭上春。夭夭层迭远，邈无垠。城关要塞隐芳芬。楼台影、犹记旧时痕。

跌宕势千钧。蜿蜒山际线、守乾坤。金光一道洗凡尘。龙腾跃、玉带写山魂。


【六州歌头】秋长城有怀
树敲飒飒，交响正清雄。幽细洞。骄秀耸。入霄中。大千同。彩染峰巅重。谁曾勇。长枪纵。盔甲拥。青丝鞚。撼西东。烽火筑台，坚守围城瓮。史海飞虹。几番遭恶寇，弹夹换长弓。血洗时空。换匆匆。

炮声惊梦。迷鸾凤。蒙难共。变飘蓬。何处从。多偬偬。入灾笼。踏茅丛。好汉精英众。钢刀用。不邀功。天地动。春阳弄。泣孙翁。雨雪曾经，未负中华种。猎猎旗风。复收家山地，断角寄梧桐。酒酹征鸿。


【望仙门】牛背山观云海
踏云腾雾赴牛山，有奇观。波涛起伏笼群峦，在天端。

缥缈流清瀑，金光肆意斑斓。绿衣仙子弄纱纨。弄纱纨，舒卷挂千川。

山水游

【踏莎行】沧海晨雾
九岫苍烟，八荒寒雾。倩君遥裔长津处。溟濛天海未曾分，沄沄去水因何渡。
鹤唳孤帆，雁鸣心鼓。荡胸清啸风鹏举。扶摇也拟上层云，三山摘取易安句。

【巫山一段云】白石山晚霞
落日燃如火，霞光腾似鸾。浪翻涛涌海浮山，彩云铺半天。
揽尽群峰景绝，顿觉胸中情烈。劝君休再说高寒，也登白石巅。

# 【清平乐】词记台湾之旅

序:2015年第三十五届"世界诗人大会"于11月5日在台湾花莲召开,有幸参加。一阕《清平乐》小令,边走边记,略述感慨。

【清平乐】首渡花莲
一弯愁水,多少相思泪。浅浅清波传故事,知否离人不寐。云梦旧梦阑珊,笙歌重奏人间。今日长风正好,振衣直达花莲。

【清平乐】赴花莲途中
波涛击岸,我踏青峰慢。一线迂回行路远,风景千重细看。大浪起自谁边?登高极目长天。足下无由卷雪,晴空快意云巅。

【清平乐】花莲点灯祈福
灯香馥郁,秀野祥光沐。千里诗缘同祈福,幽寺红莲翠竹。清韵直入明空,挥毫又借长风。莫道言微语细,众星闪烁苍穹。

【清平乐】词记台湾之旅

【清平乐】游蝴蝶谷
其一：说蝶
谁人化蝶，急把相思说。又唱清音幽谷阙，起舞翩跹情烈。曾梦越过青山，雄鹰也慕情缘。不必迷从鹊闹，缠绵已度千年。

其二：山水
青山见小，却有浮云绕。远水奔腾幽谷啸，一架长虹正好。紫蕊翠蔓娇柔，萋萋别样清秋。腾雾迷蒙足下，声幽婉转枝头。

【清平乐】过鹿港小镇
弄潮犹晚，小港风云卷。白手全凭龙虎愿，浪里闲情醉挽。灯笼挑起街帘，心香绕过飞檐。百纳琳琅贵贱，千烹脆绿咸甘。

【清平乐】水笔仔之吟歌
俗风闲柿，浪里青葱立。堪悯星星花朵谧，更喜新芽幼笔。长记若水轻柔，浮沉有爱当留。日暮婆娑鸥鹭，旦明亲吻浮游。

【清平乐】参观养蚵场品尝老阿妈的鲜蚵
均分海浪，一路清波上。青壳串成球拢状，短竹长绳结网。躬作老妪繁忙，长靴紧帽轻装。刀起鲜蚵口裂，笑容花帽收藏。

## 【清平乐】蚵壳艺术有感
凹凸灰黑,长做墙边客。蚵壳无争凭尔摘,不忘清心纯色。漫镂重绘新妆,彩纱裁剪霓裳。细羽欲飞张翅,碧波之上翱翔。

## 【清平乐】吟诗王功灯塔下
夕阳优雅,一抹桃红洒。最是迷人云朵下,高塔娉婷如画。海韵轻挑情丝,浪弦柔拨心池。刹那珠腾玉落,恍惚胸阔神驰。

## 【清平乐】过"苏澳"有记
纱窗推浪,足下轻声唱。鸥鸟忘机风送爽,帆影如梭远荡。鲜味香溢街头,彩衫水袖飘悠。哪个酒幡迷眼,和服阑外争筹。

## 【清平乐】日月之吻
荡波清阔,不见当年月。西坠残阳该怎说,落下银鳞如蝶。缘定一吻千年,如今只剩云烟。是否水中暗度,悠悠浪里缠绵。

## 【清平乐】阿里山之约
有歌约得,我赴山中客。阿妹阿哥无影迹,踏遍千山底册。山麓叫卖高声,身姿依旧娉婷。老汉身边大婶,麻团甜蔗香橙。

【清平乐】词记台湾之旅

【清平乐】太鲁阁探幽
峰腾峦舞,曲径通幽处。犹有刻痕添巨斧,直指群山横竖。相倚逝水年年,何堪如此缠绵。你我融融不弃,长歌只赠无言。

【清平乐】长春祠
青山绿水,只为英灵汇。飞瀑长垂思念泪,化作风光最美。谁许年少兵丁,血侵顽石曾经。一缕清魂常在,遨游幽谷崚嶒。

【清平乐】九份探秘
依山增势,弯道旋峰起。青帐蜿蜒流瀑缀,直上穹庐幽地。逝水淘洗黄金,木屐犹踏残襟。粗手实为无份,躬身托起层林。

【清平乐】山寨晨景
入山夜路,披月匆匆顾。惊醒雀鸣声无数,倩影划开晨雾。缥缈深处层峦,石碑镌刻红禅。翠竹亭亭环绕,犹如仙境云端。

【清平乐】红珊瑚之惑
玉枝含血,我在幽宫歇。水底逍遥凭自洁,一任娇柔层叠。何虐刀斧横残,琼脂雕做泥丸。纵使玲珑百媚,梦心已做云烟。

# 【玉蝴蝶】题乐老师绘画与摄影

**【玉蝴蝶】**
（一）江流舟影图
茅棚依树婆娑，飞雁往来多。守麓榜云柯，观澜揽碧波。
翁孙凭远眺，舟影为谁过。山外莫嗟哦，逐风听放歌。


（二）仿唐寅山水画
茫茫秋水烟中，崖壁上虬松。柳浪倚波浓，濡津石畔风。
茅庐临麓结，琴韵落霞融。鸿雁往来空，几声传老翁。


（三）江南春图
擎梅垂柳新栽。红绿肆情排。水上小舟来，江心一字开。
春光流彩墨，心绪跃芸台。调色入书斋，镜中何费猜。


（四）沙鸟渔舟
残阳斜弄情姿，遥落一峰晖。去水浣霞丝，丛林染碧枝。
孤舟追浪逐，茅屋盼晖移。鸣雁正高飞，问声鱼可肥？

（五）母亲节快乐图
庭前花蕊新开，香入母亲怀。未语笑先来，红装裹小孩。
裙衣牵梦里，慈目觅瑶台。观画托双腮，暖云垂九垓。


（六）春山晴峦
红花频弄繁春，濡染峭崖新。黛墨把天分，峦松映彩鳞。
山阶层递上，仙路雾中奔。回首看浮云，酒香飘老村。


（七）春花
春花情意无穷，衔紫复含红。小蕊醉朦胧，香腮绘彩容。
晨曦醒细露，宵夜卧和风。庭院似幽宫，一华双入瞳。


（八）海棠艳春
飞红熏紫描春，羞染俏佳人。小蕊粟金囷，香腮粉白匀。
衔冰镶细羽，融玉煅清魂。仙子出宫门，坠花无俗痕。


（九）绿溪人家
熏风侵翠蘋洲，蓝坠弄波柔。小阁入阴幽，繁枝笼醉眸。
花台红椅伫，阑角伞竿修。归桨渡轻舟，为谁司水流。


（十）群芳吐艳
娇羞初展新眉，清露润花期。浸染莫嫌迟，熏风未缺时。
红云幽一梦，黄晕报层辉。冰络透柔夷，雪肌无俗姿。

### （十一）山屋沙禽
天光残影霞催，山水映斜晖。唱和望中飞，沙禽乐忘机。
嶙峋津渚畔，苍翠上阶矶。眸转为寻谁，系舟人未归。

### （十二）楚山儒士
谁将儒雅深耕，相伴楚山青。麓下唱清灵，琴弦作和声。
悬崖知抱玉，江畔落飞鹰。醇酒酹三升，楚魂湘水行。

### （十三）春色满园
花开花落情真，何计不留痕。艳艳化清魂，盈盈共俗尘。
开怀红与紫，张翅蝶和云。遐念总难陈，愿随来岁新。

### （十四）樱桃熟了
悬垂枝上玲珑，甜蜜蕴珠中。不胜醉熏风，香腮一夜红。
流光当爱惜，情愫久怀浓。闲看物华丰，荷锄常用功。

### （十五）春色满园
风流濡染芸台，香字烙痕开。一朵一情怀，难描更费猜。
朱砂轻点痣，黄络浅环腮。妆盛为谁裁，护花人乐哉。

### （十六）黄雀鸣翠竹
依枝黄雀声频，环竹显精神。翠叶剪风魂，清音逐去云。
浮生无失得，相伴守晨昏。残曲节中存，一鸣留一痕。

【玉蝴蝶】题乐老师绘画与摄影

（十七）山居图
疏篱倚水围葩，仙气冠无涯。欸乃一声赊，轻舟入紫霞。
清凉寻故地，担酒逐波斜。方外几繁华，未如山野家。


（十八）山居吟波图
云山遥去遐思，霞色望中垂。雁阵远来时，秋心逐水驰。
苍枝摇草屋，吟句化风雷。阿睹入妍媸，浊眸花似晖。


（十九）芳树斜晖图
闲情江渚鱼矶，陈酿酽襞衣。岭上落斜晖，长空大雁归。
红尘山外事，槐梦穴中痴。安得啸声飞，鸟虫遐迩回。


【玉蝴蝶】题摄影组双鹅舞金浪
银波金浪谁成。仙子天外惊。比翼正双行，衔珠奏和声。
翻涛堆白雪，张翅起辉莹。相对漫滋情，御风飞舞轻。

# 【玉蝴蝶】题朱岩摄影图片

**【玉蝴蝶】题慕士塔格峰图**
衔山含水多情。融雪促魂清。傲骨向云擎，柔姿绕地行。
当为知己守，甘愿白头成。浓意入波萦，壮怀千古荣。

**【玉蝴蝶】题荡秋千的女孩图**
（快乐的维吾尔族姑娘和小伙）
千重风景迎时，寒塞又春归。绿意上新枝，毡房入翠微。
谁家娇艳女，当得少年陪。嬉笑荡纱衣，一丛蝴蝶飞。

**【玉蝴蝶】题塔吉克姑娘和小伙新婚图**
凝眸相视情浓。真爱醉双瞳。面颊透朦胧，轻纱一袭红。
新婚迎远客，佳节画娇容。年少意无穷，疾驰当御风。

**【玉蝴蝶】题峡谷生死两胡杨图**
多情深谷胡杨，相对两茫茫。往事未曾忘，双双试彩装。
韶华如逝水，生死费思量。依旧志高昂，共迎风雨狂。

【玉蝴蝶】题乐老师绘画与摄影

【玉蝴蝶】题山上石树图
深藏虬树称奇，崖壁刻依依。雨雪画雄姿，风霜染彩枝。
山峰巍峻立，情愫与山齐。年去复年回，两亲终不离。

【玉蝴蝶】题丹霞地貌图
高擎当揽浮云，姿色把天分。画笔自传神，荒原落一尊。
千年环古道，今日正名身。霞淬石头魂，望中常是春。

【玉蝴蝶】题绿树环丹霞地貌图
萋萋缠玉重重，峦上正春浓。立石展威风，高山染画容。
巍峨千万代，层叠万千峰。今日树朦胧，麓前谁用功？

【玉蝴蝶】题大漠舞女抚琴图
（古龟慈女子彩妆起舞抚琴于大漠之中。）
沙丘堆叠波澄，金浪一层层。塞外采风行，洪荒别样情。
佳人波上立，纱彩浪中萦。弦奏伴风鸣，莽野掀和声。

【玉蝴蝶】题雪山丹霞地貌遥相望图
遥遥相望相期，巍峨两行奇。冠雪白头痴，铺霞彩袂知。
愚公何远去，平路有谁移。他日引琼池，并肩描彩衣。

【玉蝴蝶】题沙漠图
层层沙浪融金。遥去阔成林。日照弄弦琴，风来御马吟。
观来都兴兴，思去却喑喑。他日降甘霖，此山皆锦琛。

# 【殢人娇】词题仕女图

一、【殢人娇】西施浣纱
明媚越溪，浣女桥头款步。长衫軃、凭添楚楚。朱唇皓目，又腕柔指素。香自散、直向藕花倾诉。
望影沉鱼，观容惊鹭。忠贞士、甘心伴虎。美名传诵，更撰文成赋。谁人忆、响屐廊里曼舞。

二、【殢人娇】昭君出塞
雪路皑皑，正是梅香宫阁。披红氅、冰肌皓魄。琵琶斜抱，怅回眸几诺。瞳剪水、千言难辞谁错。
胆震马嘶，貌牵雁落。佳人泪、荣催大漠。悲凉塞外，但泰然闲绰。阿娜女、清魂长守寥廓。

三、【殢人娇】貂蝉拜月
纤指擎香，皓腕垂环玉洁。霓裳软、红裁凤贴。簪花坠佩，更粉匀嫩颊。修竹挺、相随玉人碧叶。
柔柳御风，浮云闭月。烟袅袅、心思怎说。移婚移嫁，为纷争撕裂。真情许、连理谁堪真结。

【殢人娇】词题仕女图

四、【殢人娇】贵妃醉酒
阑外熏风，催绽牡丹华贵。盈盈态、娇笑流媚。冰轮对唱，任香杯恣意。谁可比、长安纵驰一骑。
那日羞花，那时堪醉。那时候、霓裳舞美。秋风罗扇，剩祸名千指。声声叹、白绫索香梦碎。

五、【殢人娇】文姬献稿
水榭亭台，花缀长廊风软。劫后女、依旧美曼。雍容典雅，正擎书款款。篇四百、谁敌炜然彤管。
满腹才情，一生磨难。几悲愤、入诗离乱。思儿心切，欲度琴声远。十八拍、长吟别怀难断。

六、【殢人娇】薛涛吟诗
管领春风，得意浣花溪好。长廊绕、水碧人俏。明眸远眺，正娇容绛皓。纤手执、芙蓉染花诗稿。
字蕴峻风，乐通慧妙。任迷倒、扫眉多少。风来叶送，恰谶成香袅。云雨散、道袍荒冢尘了。

七、【殢人娇】清照晚渡
荷色兰舟，恰似当年时候。争渡在、溪亭醉酒。霞容云鬓，托香腮纤手。䌷绻态、芙蕖不遮娇秀。
才厚情浓，花肥人瘦。谁曾料、孤窗独守。新声何拟，胜男儿知否。眉头索、耐他家国懼咎。

八、【殢人娇】幽栖居士（朱淑真）
清婉词风，酣墨红梅翠竹。何所以、秀眉常蹙。鹣鹣愿比，却才情漫曲。犹负了、月钩皓光寒玉。
一纸为婚，一生为束。怎奈是、心扉孤独。英年早逝，怨东君障目。意中事、尽收断肠诗录。


九、【殢人娇】文君当垆
才女闺中，无限遐思时候。凤求凰、倩谁新奏。浅吟低唱，任情丝缠就。浓意倾、花前爱中牵手。
姿色娇柔，清贫甘受。悠然态、垆前沽酒。此心但得，便一生相守。诗传诵、盟誓白头左右。


十、【殢人娇】黛玉葬花
春老花残，陌上落红无语。熏风里、怅吟别绪。丝囊纤手，笼悲情同聚。山冢内、清魂且将收取。
仙草绛珠，冰心玉露。终不似、人间凡絮。潇湘竹翠，却佳人孤处。幽梦断、香丘凭谁相护。


十一、【殢人娇】香君血染桃花扇
丝竹幽幽，南曲长吟声软。楼心月、秦淮河畔。年华二八，正春芳初绽。盟约定、题诗镂花宫扇。
蕙质娉婷，兰馨烂漫。家国事、柔情相挽。抗婚搏命，叹血花红染。斥降辱、更羞煞须眉汉。

# 咏月

【拜星月慢】怅凝眸
烁烁华灯,莹莹轻浪,又是清秋月夜。伫立楼台,望穿庐苍野。路何处?总是、高台耸立层迭,去水苍茫奔射。落寞闲情,对银辉如泻。
怅凝眸、似梦回乡舍。儿时趣、故国何潇洒。捕蝶肆舞春风,戏流萤隆夏。小溪旁、赤足青山下。花丛后、有个秋千架。月去也、带走相思,剩轻痕旧画。

【楚天遥】望月
圆月似浮槎,万里殷勤路。静夜凭栏举目时,细把乡音数。玉影几轮回,总在心头住。今夜清辉别样明,洗我相思苦。

【凤凰台上忆吹箫】中秋观月
星淡云移,浪轻鱼跃,一轮明镜初擎。恰鸟翔天际,艇渡归程。灯火家家闪烁,犹似那、唤笛声声。长流水,莹莹夜色,荡荡魂清。
盈盈!桂香树影,千万里浮槎,驾月西行。对半江孤盏,无语伶仃。今夜关山犹近,乡籁起、酣坐乌藤。何堪醉,扁舟远方,欸乃潮生。
2011年09 11中秋前夜

【误佳期】问月
何奈玉盘圆缺？把酒凭栏问月。清辉楼角去还来，怎把幽思说？
逝水也蒙尘，倩影空离别。几时低首顾徘徊，一掬开心阙。


【桂枝香】重阳抒怀
晴光栉沐。正树入苍穹，飞鸟腾倏。云过斜阳漫舞，撒金如瀑。登高浴罢潇潇雨，会重阳、欲诉心曲。一襟红叶，半山图画，遐思奔逐。
念故乡、诗情断续。对远黛层峦，痴语相促。鸿爪微痕，何故滞留闲足。浮槎不渡淹留苦，去焉归焉向谁属。柳移亭外，舟横塘浦，且行高躅。


【念奴娇】丝韵寄明
序：中秋佳节，一人一琴一杯酒，共邀明月。《流水》《秋风词》《关山月》《石上流泉》《平沙落雁》《笑傲江湖》《良宵引》《酒狂》《洞庭秋思》《阳关三迭》《梅花三弄》《白雪》均为古琴曲名。
弦丝瑟瑟，汇声如流水，清灵幽咽。一曲秋风词韵起，遥寄乡关山月。石上流泉，平沙雁落，带去归心切。天涯长路，有邀同度佳节。
浪子笑傲江湖，良宵引舞，正酒狂弦烈。忆洞庭秋思雅趣，更记阳关三叠。思绪飞扬，梅花三弄，白雪情高洁。长空寥寂，玉宫仙众同悦。

 咏月

【清平乐】对月
寒沙幽坐,痴对清辉堕。天上水中浮白朵,双月窥窥待我。
蓼渚独钓相思,何堪宫阙摇枝。知否此情难寄,年年有约今时。


【唐多令】又是月圆时
舟影渡双洲,情怀岁月流。叹华年,载得乡愁。柳绿春来添梦景。风可借?又新秋。
未晓发江头,绿杨解扁舟。绕不完,远水高楼。霜重菊黄明月夜,红樽满,泪珠游。


【月华清】赏月咏月
天阔琉璃,河开明镜,玉蟾腾跃清湛。小艇悠然,直向桂香孤揽。波浪卷、揉碎琼瑶,风信起、转匀幽澹。回瞰。正阑珊灯火,岸边镶嵌。
对月痴心念念。有八方吟朋,三江诗担。老句新歌,飞入层霄钦点。关山远、素影相随,乡酒烈,此情同酽。何憾。但虚怀盈缺,望舒苼苒。


题朱岩明月图
【西江月】题图水上雅丹之夜
皓月凝眸探看,碧波击掌相迎。此间无语却多情,天水盈盈禅定。
顽石作舟待发,姮娥有意同行。望中一刻已分明,留下婵娟倩影。

【西江月】题图亚青寺的夜晚
高阁叠层金烁,玉盘定影银光。人间天上两辉煌,耳畔禅音轻唱。
古寺通幽端坐,瑞云绕顶飞扬。今来膜拜愿呈祥,福泽万民共享。


【西江月】题图夜色撩人
(新疆布尔津禾木月夜)
皓月畅游云海,碧空尽拢辉光。莽原荒野正苍茫,秋染大千何爽。
月下层峦如骋,风中万树如航。愿来入画共成行,莫负婵娟情荡。


【西江月】题图月牙泉上升明月
离阙玉盘闲转,纵天长夜孤擎。恰逢幽水一弯清,横卧荒沙如镜。
阆苑参差琼树,层楼闪烁繁星。瑶池金殿也同行?此乃九霄胜景。

# 有记

【喝火令】祭女飞行员余旭
是否苍天老,难从烈女遨。凤凰焚火暮云烧。宫阙众仙施礼,珍魄叩清霄。
壮志行孤胆,雄心写自豪。凯歌当载烈魂飘。记得晨曦,记得夕阳娆。记得战鹰呼啸,飒爽女儿娇。

【彩云归】归去来兮(寄航天人)
茫茫大野响雷鸣。幕云开、直上天庭。银燕巡礼九霄之外,遊旷宇、皎月同行。素娥问、可槎书锦,又离人返程?小住后、桂香新酿,带去千觥。
闻声。青丝白鬓,驻荒原、尽注深情。寂寥最是,餐露尝雪,伏案三更。道与谁、桃园隔世,赤子风骨铮铮。来兮去,潇洒如今展翅鹏程。
2018 09 12

【喜迁莺】悼"天眼"之父
灵光射,阙门移。天眼报声回。仙翁驾鹤踏云驰,长乐震如雷。
山趣深,蝉鸣细。求索半生从意。而今魂魄做霞飞,日月可同辉。

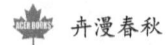

## 【暗香疏影】（张肎词谱）悼杨绛

清幽一袭，伴众芳飘落，却如新雪。兹此悠然，信步冷香瑶席阙。恰有双虹雨后，垂碧幕、仙桥遥接。度逸步、顾盼云霄，相候是先别？

回首百年疏影，风华自秉持、任他蜂蝶。椽笔清笺，才女贤妻，小小营营何屑。大音稀韵余皆远，愿此去、常随悬月。且从容、明镜心中，淡泊处还高洁。


## 【雨霖铃】致敬灭火勇士

天威何烈。火龙飞卷，四季无歇。浓烟蔽日无昼，燎原劫树，山河凄咽。最惨呼儿唤母，弃乡长相别。去去远、回首难堪，绿野红楼化灰灭。

戎装铠甲天兵列。映风姿、宛若腾空蝶。挥长臂降甘露，向火焰、试身如铁。汗滴涓涓，司雨霖霖，洒向天阙。痛痛痛、滋味千番，不敌情怀热。


## 【江城子】祭布衣院士卢永根

学为一世不称狂。踏泥黄，育苗苍。阡陌奔波，健步越平冈。两袖清风风不语，怀沃土，布衣郎。

成蹊桃李径开长。杏坛张，择禾良。丝尽春蚕，谁可避风霜。稻谷有根人若此，人远去，稻犹香。


## 【望江东】赞云端博弈（芯片之战）人

寥廓云端觅长路。刹那里、销魂处。虚怀博弈少年步。又策马、须臾赴。

心香点点情无数。皓月志、何清苦。俗尘千丈捻成谱。写新卷、丹青驻。

 有记

**【夜飞鹊慢】观剧《激情的岁月》致敬精英**
回眸野荒处,清苦何其。沙弥大漠余晖。寒棚陋室三餐素,狂风四季侵衣。千重路长远,纵天涯海角,历险当归。精英回望,聚同行、更莫嫌迟。
徒手算盘声响,朝夕共耕耘,腹有星旗。一念孤烟腾起,气吞浩宇,多少痴迷。是非成败,几磨难、难抵心齐。对英雄前赴,何人感慨,焰烈天西。

**【霜天晓角】敬挽著名卫星专家魏锺铨**
巡天未歇。却被秋风折。飞鹤直升天际,长空望、星如雪。
天阙。清酒烈。众仙施礼迓。遐迩共游星海,勤指点、分圆缺。

**【翠羽吟】化蝶(听"梁祝"寄逝去的音乐人)**
翠羽轻。蛺蝶腾。呜咽过长亭。野陌暗香,自兹冲破俗尘萦。雾开云端序幕,谁阻天上漫情。比翼飞、拨弦吹笛,绵绵绕绕柔声。
犹忆初遇礼相迎。翩翩君子,折柳承盟。百结愁肠未诉,难启玉口,松风当做评。忍离月色荷塘,十八别送程程。水绿鸳鸯戏,凭指点、难为愚兄。梦碎双双泪崩。一杯黄土入坟茔。痴心撼地,化蝶当空,浴火再生。

**【露华】赠寄育稻人袁隆平**
江南水暖。水里育苗人,裤脚高卷。手握禾株,镜下蹙眉详看。露华久试青丝,八十载风霜挽。凭身手,瑶池玉垂,几度轮换。
仙踪鹤影行漫。稻种结情缘,天地相伴。乐在下田时节,入目金灿。花绽素蕊香含,小穗弹了枝软。新雨后,赢他噪蛙一片。

【念奴娇】寄荒漠种树人
狂风起处,正黄沙涌动,冥蒙昏幻。怎地平原丢沃土,一任天威兴乱。妙手何人,丹青谁笔,欲揽蒌蒌卷?英灵忠骨,守他长路漫漫。
倩有无悔青春,怀书怀志,打马征程远。野帐骄阳冰雪下,时有虫狼为伴。育种培苗,同温甘苦,三代芳华传。绿洲重降,密林苍莽如练。


【水龙吟】七七卢沟桥事变有祭
籁声刚入灵虫梦,玉带桥栏初晓。石狮无语,莲花含泪,硝烟孰料。魔爪强伸,铁蹄还踏,东瀛窃盗。叹辽阔江山,炎黄子众,自兹去、哀声绕。
休道病夫芥草。岂能甘、土焦屋倒。布衣戎马,书生羁旅,志存月浩。先烈捐躯,英雄无悔,后人凭吊。念乾坤不定,苍穹多事,巨龙长啸。

# 云笺往来

【小重山】伤离
漫数华年过几弦。阑珊星共月、已西眠。晨风雀影寄云笺。
东君意、彩练慰苍烟。
眉结递成川。谁将愁字写、忒修延。莫回那个别离年。挥
别后、梦也画难圆。


【采桑子】春樱如雪
衔冰弄洁临春好,含露娇羞。玉蕊相酬,金粟浓情正漫流。
秋冬一梦培新萼,只待花稠。莫问缘由,赴约年年树下幽。


【玉蝴蝶】双鹅舞金浪
银波金浪谁成。仙子天外惊。比翼正双行,衔珠奏和声。
翻涛堆白雪,张翅起辉莹。相对漫滋情,御风飞舞轻。


【定风波】感怀
雀唤枝头树影摇,雾开天阙紫霞飘。最是气清晨色好,秋
到。物华升降任逍遥。
缺月又圆圆又缺,难别。莫将情系一笺谣。谁错白驹弹指
去,耽误。闲看花草自风骚。

【平湖乐】正中秋
清风圆月正中秋。静看湖波皱。欲说心思怎开口,望飞舟。
几杯乡粟新醅酒。石阶觅曲,水中寻影,一醉到神州。

【平湖乐】题乐老师秋山秋江图
群山层叠染新秋。霞落繁枝秀。欸乃声扬水波皱,过轻舟。
吟风钓月清江酒。未曾畅饮,已然心醉,谁解个中由。

【平湖乐】一帧秋
叠层黄灿几山收,谁是描金手。天阙来风乍吹就,报新秋。
轻声相问曾来否?登高抒意,凝眸远眺,莫道不关愁。

【江城子】(双调)秋思
御风秋意弄阴晴。渥然成,物华荣。鸿过频频、观象也为惊。枫染红黄燃似火,如化蝶,了谁情?
荻花摇白一痴程。玉盘行,桂香凝。遥对苍穹、常拟寄心声。错愕几吟无限意,都付了,满天星。

【平湖乐】题乐老师秋山图片
秋山随日换新纱。跌宕胭脂洒。肆意娇姿艳阳下。纵奇葩。
清波也做西风画。一湖云落,一围虹卷,飘叶也成霞。

【忆秦娥】落叶哀月
秋风咽。层云漫过深宵月。深宵月。乌纱掩面,忍对飘叶。
识君原为枝头蝶。自兹半载何堪别。何堪别。来春当报,又归香阙。

 云笺往来

【定风波】秋日有怀
风月闲来惹水凉。蓬蒿枯叶为之黄。默念回程春夏尽。当忍。隆冬时刻末需忙。
暮霭晨曦曾共度。幽步。华光清露用心藏。地上落魂笺上意。留记。任时都是一怀香。


【一七令】（白居易体）笺
笺。
紫雾，蓝烟。
三涧水，半环山。
阡陌流碧，苍原舞芊。
落红蟾月阁，滴翠海棠轩。
诗蕴大千象里，墨侵毫束空间。
慢添香盏续残梦，细迭心思又一年。


【汉宫春】新岁对雪
漫舞清灵，恰花雕素瓣，云剪纱衣。虚怀冰心玉魄，天地无欺。晨曦望里，聚皑皑、旷野旋霓。消散了、浊污腻垢，乾坤朗朗新姿，
红盏岁新如梦，正细翻旧历，检点鸿泥。残笺覆痕累数，折翼难飞。时光老矣，斑驳貌、或有珠玑。添几朵、寒英入酒，芸台常念春归。


【卜算子】约
昨夜踏苔痕，石板青如旧。阑外徘徊浴晓风，月影波中皱。
几度数蛰声，空教闲心瘦。又见春枝小蕊开，撷朵移窗叩。

## 【卜算子】度

佩蕙草兮新,享郁芳兮旧。时念千姿玉石林,昨夜华如昼。
西望越高山,又见霞光瘦。忽忽云烟日复年,坦坦幽回首。

## 【杏花天】梦回

梦回东海烟波渺。白浪上、鸥鸣清晓。银铃几串追风笑。
欢乐那时多少。
幽梦去、韶光已老。眼底事、残红难了。春深春浅春心好。
留与星辰远眺。

## 【浣溪沙】蒲公英

渐绿渐黄渐白头,破寒迎暑漫风流。芳华虽短却无愁。
欲借飞绒捎款曲,更添甘露去烦忧。令他灾祸八方休。

## 【鹊桥仙】七夕

云移不倦,宵来忒早,念念都为相遇。鸣声邅迍越苍枝,
惹多少、霜眉清露。
劳烦燕雀,奔波天地,又替何人传句。只因那阕望天津,
便留下、千年眷顾。

## 【天净沙】芸笺

流星静夜辉光。小诗悠趣华章。
五载清音漫响。韵来轻荡。绿红然自成妆。

## 【生查子】对荷

粉朵立秋风,夏去情依旧。那年许梦中,几载环丝扣。
也拟问莲根,谁以开金口。香蕊叠成堆,殷勤一杯酒。

【天仙子】三色堇和韵
撷取霞晖勤织梦。深浅随心丝缕种。化她三色记三生,情意纵。脂粉拥。娇紫妖黄新白共。
望处秋波云接送。舒卷柔唇风鼓动。仙株变幻恣无穷,君可懂?花心重。弹破蝶魂还借宠。


【风入松】题老港步月照
弄辉照影自翩然。会意复年年。繁灯两岸相思久,玉桥过、恰在波间。去水涟漪妩媚,桂香肌理纤妍。
华光撷取趁晴圆。细辨故乡颜。凝眸画卷离离梦,恍惚在、海岸岩边。浪卷星瞳无数,谁人身倚阑干。


【谒金门】邀友拟登山赏枫
风牵步。红漫秋山层路。雨后晴光盈彩树。望中飞蝶舞。
莫使物华虚度。拟往峰巅同旅。且把闲情留几许。寄诗云朵处。


【减字木兰花】秋情雅聚
晴中有雨。秋色挽情多少趣。霜染山花。山下飘来一屋霞。
佳肴添又。醉把香杯还再嗅。语住歌飞。旧曲难忘载梦归。


【临江仙】观墨轩子禅画视频
泼墨侵红无限意,虚怀点化三禅。斯夫逝水漫云烟。泛舟垂钓者,逐远越青山。
望里澄明胸臆阔,心随一纸桃源。物华遐迩是情缘。芭蕉犟老叶,大道去庸繁。

### 【减字木兰花】秋日登山观水
树摇彩袂。新雨才停风乍起。珠露清圆。线线晴光雀跃穿。
半湖觍影。红叶红颜都入镜。落下游云。引逗红鱼乱吐唇。

### 【浪淘沙令】晚秋玫瑰
栖息乱沙丘。纱聚霞流。花边贴月月光柔。粉颊叠层开笑靥，一朵娇羞。
无意入谁眸。秋色闲收。雁来鸿往落声稠。枯叶萧萧风卷起，孤影残留。

### 【风流子】落叶
红缕金丝巧缀。蝶羽花容彩绘。侵露点，撷光痕，我舞我歌何媚。
无觊。无悔。此去云泥同慰。

### 【踏莎行】晚秋
草木枯衰，风云飒爽。孤帆去水悠闲浪。雁飞遐迩落鸣声，登高远眺心神荡。
秋扇何悲，天凉续唱。时光痕刻诗笺上。青丝华发度由他，花间一卷从容享。

### 【霜天晓角】题朱岩阿里藏野驴图
莽原荒草。天冽云烟老。列队威严谁比，高昂首、雄姿傲。
绝妙！高处好！逐风山崖小。越险纵横自在，行无阻、倚峰啸。

【浪淘沙令】冰雪玫瑰
春远未曾知。谁待痴痴。朱唇乍启意幽微。面似艳桃冰玉质，绿帐青枝。
初雪远来迟。却道逢时。巧含白絮笼霞晖。笑口盈盈晶欲滴，莞尔仙姿。


【婆罗门引】辞旧迎新
灿霞映雪，一梭金缕一波银。凝眸望处弥新。风过吹梅曼舞，仙苑落清晨。入琉璃枝下，乱絮缤纷。
白驹自珍。瞬儿去、了无痕。似这盈盈洁洁，转眼烟云。芦花未老，立墙外、摇曳试喧春。词半阕、抖擞精神。


【霜天晓角】小寒
风催寒雨。是夜窗前舞。铁马涌来奔去。街灯下、华光注。
所悟。追曲度。拂瑶琴玉柱。韵起长虹飞过，遐迩是、春心许。


【破阵子】异乡庙会
瑞雪纷飞树白，花灯高挂街红。丝竹乍闻天籁起，乡味频尝烟火中。虎龙台上逢。
一纸字符山水，千言韵律鳞鸿。莫叹浮萍漂泊远，但喜青衿足迹同。此情入月空。


【少年游】惊蛰
惊雷无信雪缠绵。天地素浑然。桃华彼岸，冰融北国，谁可是游仙。
平衡摇摆踟蹰步，风雨已如烟。金盏绿蚁，蜡花红纸，银发配酡颜。

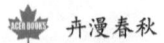

### 【少年游】聽京腔《陋室銘》
京腔婉转入晴空。仰首觅飞龙。苔痕侵路，长亭无影，琴韵盼归鸿。
新苗破土鹅黄色，随律想葱茏。陋室盈华，小盆酥润，高格在其中。

### 【醉太平】湖澜清嘉有忆
湖环草青。涟漪荡萍。柳烟香雾萦萦。过云空翠声。
晨光画屏。心融旧情。赛诗夺冠筹争。正满桌笑盈。

### 【喝火令】有感于逆流而上龙舟队
桨动掀波迭，歌豪逐浪峰。逆行穿壁御长风。珠玉侧舟流箭，骁勇力无穷。
炮竹云烟老，青崖意象隆。诧叹猿吼大江东。况是风狂，况是雨朦胧。况是漫澜奇路，有约有相逢。

### 【醉太平】初夏访小熊农庄
一
飞莺脆歌。清莲荡波。柳风垂处婆娑。戏红鱼趣哦。
围篱问笋。闲情若何？陌中林隙熏酡。试晴光漫梭。
二
炊烟乍熏。香杯正匀。小鲜当席频频。对蓝天白云。
飞霞弄鬈。无关醉醇。问情何物甜嗔。忆那年旧人。

### 【醉太平】端午
蒹葭正苍。青涵粽香。虎符丝彩谁藏？试榴花贴妆。
兰舟未央。追波异乡。赋诗擂鼓铿锵。任端华八方。

 云笺往来

【画堂春】春来小园
东君遣雨过东篱。破冰新碧成畦。蒜苗青叶已葳蕤。望里痴痴。
春饼溢香烙就，春盘滴翠逢时。那春滋味那春期。可有谁知。

【苍梧谣】立秋日说秋
秋。是夜疏狂雨聚稠。萧萧起，电闪似骅骝。
秋。此照题诗去岁留。红枫叶，摇曳漫山头。
秋。又忆婵娟卷浪游。蒹葭岸，吟句寄飞舟。

【画堂春】郁金香节卅年忆
绮云镶嵌望中奇。风中流彩迷离。华唇含露又凝脂。巧笑春期。
卅载寒霜漫度，相逢看取仙姿。照波孑立数霜丝。我忆成痴。

【南乡子】春江
涌浪成排。雪堆冰垛接天垓。
华盖一冬缘结久。春叩。坼冽嘶鸣初试吼。

【南乡子】清明
急雨狂风。晚来无那更添浓。
天地悲情消息共。萦梦。今日环球同一恸。

【行香子】夏暑
时有风熏，时有雷惊。度炎凉夏暑多情。踌躇陋室，觊觎芜菁。叹天边霾，枫林火，雾中星。
斜阳侍陇，晨曦察露，弄花园环趣繁生。衔山致远，吞水侵横。画一畦葱，半篱菊，满池萍。

## 【苍梧谣】笺

笺。豆蔻娉婷织锦团。星空寄,梭掷尽琼璇。
笺。花信清幽含素端。青鸾舞,云海梦婵娟。
笺。璎珞铺阶荆棘缠。红泥老,斑驳镜中缘。
笺。霜染青丝疏影寒。迟帆暮,钟鼓已无言。

## 【望海潮】偶遇君主蝶

初秋闲逸,和风旖旎,闻香步入仙葩。层叠绛绡,参差彩雾,蕊娇蝶艳如花。寓目已惊嗟。正双翼环舞,闭月笼纱。偶遇奇缘,莫非尔乃帝王家。

遥知飞渡天涯。过山川万顷,破茧乘槎。兹去一程,先驱四代,追光历险谁夸。相约共晴霞。看芳菲何限,可谓清遐。无冕金辉熠熠,展翅见高华。

## 【玉蝴蝶】元日

殷勤传递新荣。元日喜多情。照雪远华生。侵苔足下青。
光来迷乱眼,年去错流星。怀暖自心宁。昨宵杯酒盈。

## 【菩萨蛮】晨雪

晨风欲破铅云软。恭迎仙子舒柔款。化蝶觅枝头。凡间片刻留。
尔来何所急。倾尽冰壶碧。幽梦总欺人。这般无去痕。

## 【醉太平】芒种

池田镜明。秧苗咋青。又忙挥汗园丁。画宏图启程。
花催果成。蜂勤蜜盈。历经风雨曾经。待落金漫生。

【踏莎行】秋园
乱叶侵泥,枯花点露。蝶含残蕊高擎处。由来一夜闹潇潇,满园红绿盘中去。
融雪培芽,筑篱围圃。春潮曾把心儿付。盈盈硕硕几何时,尘烟夕照香风住。


【踏莎行】秋园
乱叶侵泥,枯花点露。蝶含残蕊高擎处。由来一夜闹潇潇,满园红绿盘中去。
融雪培芽,筑篱围圃。春潮曾把心儿许。盈盈硕硕几何时,尘烟夕照香风住。


【西江月】秋湖
水阔白帆悠逸,天高鸥鸟横飞。波光逐日共生辉。彩树遥遥相对。
未去香痕缠足,还添浮浪侵衣。黄花红叶为谁追。一曲清歌又醉。


【南歌子】深秋忆
瑟瑟青萍末,萧萧黄叶滨。凝眸江渚立寒身。白发芦花、莫笑遇黄昏。
照影观明月,追帆忆故人。剑霜刀尺刻年轮。去雁空回、岁岁误归魂。

【南歌子】达利画作〈记忆的永恒〉
幻影旋光乱，横沙随景流。金钟闲挂老枝头。起落潮痕、未促指针游。

白纸言无信，纤毫意眷留。瞬儿长短散与收。我入光中、只棹瞬儿舟。


【梦行云】题赵戟星河图
仰瞻向云汉。天阶远。冥色幻。涡流似水，巧环群星转。逐光追影霄垠处，余晖还顾盼。
欲听旷语，难寻津渡，如幽梦，迷彩散。摇枝衔雪，御风九垓愿。慕那堆石僧怀老，独将天阙挽。


【虞美人】题袁伟发花鸟图
晴光醉了蔷薇面，颊粉娇腮浅。婆娑绿叶剪罗裙，擎笑还添春色共痴嗔。
蓬头小雀威风貌，亭立新枝杪。几根芒刺奈何谁，衔个红虫同尔试芳菲。


【散天花】题袁伟发夜空紫光图
悠坠长虹耀紫英。辉芒扬上下，把天擎。苍穹雄拓漫波澄。繁星镶墨黛，炫珠明。
疑似璇玑锦织成。迷离琼蕊闪，散冰清。瑶台织女太多情。一丛黄绿袅，草青青。

【秋夜月】雨田正月十五摄断背山明月图
当空明镜。度冰轮，旋皓魄，清霄孤影。隐约山埈幽谷，奥华高静。浮云恋，晴光聚，峰巅同乘。巍峨、大像一尊禅定。
婵娟情盛。慰乡愁，传旧韵，上元堪咏。断背抒怀虚揽，语升层顶。过长安，萦故土，素心也敬。桑梓、依旧梦中常省。


【桃园忆故人】岁末
驱风御雪天垓坠。忍把余光揉碎。恋恋冰心清泪。朵朵绒花蕊。
娥眉新月丝弦试。一曲乡音又起。岁至今宵何贵。入我杯中醉。


【踏莎行】圣诞诗友小聚
照眼亭松，闻声夏璐。眉梢带喜从相聚。风云八载寄兰馨，玉珰解识凭诗句。
入盏沧波，观花润煦。宴开席毕皆谐趣。寻香未必上高楼，幽怀更合苔阶去。

# 卉漫悠然

### 题丽丽后院秋景
小楼邀静好,篱畔探黄花。风过葡萄架,秋来香气赊。

### 山上红叶
自在上高山,逍遥雨露间。殷勤邀日月,烟火津霜颜。

### 谢九如冬日赠红蜡梅花
寄香幽远道,带露一枝梅。巧手弄红蜡,春心欲早回。

### ANGRIGNON 公园寻觅睡莲
粉红三两朵,莫道醒来迟。为得佳人面,探寻几度痴。

### 咏琼花(一)
凭阑开似雪,炎夏聚清凉。不凑缤纷趣,疏风送暗香。

### 咏琼花(二)
一盘金蕊聚,八朵玉华镶。碧叶枝头托,抱珠寒蝶翔。

### 红木槿
花开不计寒,依木簇阑干。细蕊金光点,鲜红几日欢。

### 新凉

新凉舒五内,过眼尽华团。群雁越山岭,牵牛绽蔓端。
匆匆时缱绻,漫漫意阑珊。且把清秋恋,天涯共此欢。

### 青黄

一岭一峰巅,青黄年复年。落花眼底事,掬水掌中笺。
雨打窗无语,弦来夜不眠。若将禅掸起,梦里也成仙。

### 山池睡莲(一)和韵陶志健

凌波幻小池,焉使俗尘知。仙气晨濡早,霞光暮染迟。
冰华雕玉颊,梅蜡嵌柔肌。照影琉璃水,留痕盛夏时。

### 山池睡莲(二)和韵陶志健

幽宫一觉醒,袅袅浴香时。不觉寒山陋,偏唯静水痴。
鹅黄娇滴露,玉碧翠生曦。忽有叮铃句,清泉报相知。

### 春望青绿

青绿随眸远,屏前望碧川。痴来人入画,梦去雀弹弦。
识语枝摇臂,推窗云弄笺。和风吹一夜,庭外草初妍。

### 康乃馨花(和韵一苇)

拔节阶前始,破冰新绿襟。芊芊颜色举,楚楚蔚霞临。
锯瓣如轮齿,花型似寸心。夜阑传信曲,天籁漫襟吟。

### 梦梅

夜静乡音远,梅花作雪飞。窗前谁伫立,闻道几时归?

### 六月吟
熏风旋飒飒,花信驰骎骎。蕊绽邀蜂舞,香传有雀吟。
阴晴悠过隙,甘苦励入琴。是处营营系,芸台记寸心。

### 端午
艾绒姿尚幼,角黍已香飘。采得青苗早,悬来庭院娇。
夜阑添好梦,桨动荡歌谣。声起繁星处,龙舟泛水迢。

### 初夏
翠盖喜翻书,从风着意徐。无聊云向隙,频问舞何如。
长椅佯装醉,钗裙缱绻舒。由他诸事去,我梦又还初。

### 林中小聚(和韵陆蔚青)
独立一枝小,鹡鸰闹入阁。清凉谈笑席,温润絮叨言。
击掌香杯醉,摇风翠叶喧。辉光宽世事,花影去尘痕。

### 芸香夏日雅聚
绕树开三席,天青地也青。杯盘颜色点,笑语会心听。
酣醉斗诗出,佳人折桂馨。纷纭多少事,不在此长亭。

### 芸香夏日雅聚
贪得浮生梦,三千或许多。夏风今有约,诗课古来和。
香席杯中酒,芳华颊上酡。流年逢此日,太白也豪歌。

### 初冬随感
轮序混无计,雪来冬顺时。御风传怒号,漫雨恣情垂。
润墨莫闲恼,望天当可施。寒梅堪有意,冰洁抱枯枝。

### 夕照雪林
野林风卷雪,夕照火烧天。光透枝间暖,琼匀霓影旋。
梨花开自在,蛱蝶舞缠绵。仙境寒中取,空灵于豁然。

### 题粉笔画(和韵吴晔)
日月饰风物,浮云论短长。丹青存墨宝,刻字有文章。
谁执从容笔,画题斑驳墙。去留混不计,但得尔睛光。

### 五月吟
新观缠五月,向野度骎骎。情系探阡陌,足勤勘旧林。
柔枝环碧叶,玉蕊镀华金。水润凫游暖,雀欢风过歆。
目横幽远黛,袂浣荡潢浔。天阔传云语,地华承露侵。
悠悠何所寄,念念此归心。未老诗怀在,拈香染素襟。

2019 年 5 月

### 题 Stella 雪鸮图
铁翅白翎腾似箭,此生唯爱向天行。
双睛炯炯电光闪,呼啸长空任纵横。

### 辞旧迎新
窗花映雪夜邀杯,风过枯枝铁骑催。
四季循环时往返,寒冬有尽是春回。

### 借韦应物首句

可怜白雪曲，犹未遇知音。大漠无端烈，黄河几曲嗔。
孤烟轻取上，落日急行巡。塞上风吹重，江中浪卷频。
孤舟多欸乃，牧笛醉吟醇。老骥嘶声壮，琵琶落玉珍。
浮云飘际外，杏雨度溪津。恍若皆为梦，蓦然却已贫。
铅封遮日暮，浆灌注春茵。铁马鸣嘈杂，攀猿步履辛。
紫烟犹去远，山寺入虚仁。黄雀斜苇岸，旋风转柳轮。
语珊何拜月，心旷可邀神。自在休提曲，悠然不计人。
山高心莫及，曲寡韵含甄。但借瓢中物，云笺洗旧尘。

2016年3月5日

### 五月春意

别了那身绵絮重，晴光三日促春浓。
好风拂面迷阡陌，香汗侵衣逐野踪。
未得花尖蝴蝶意，欣收柳眼媚娘容。
地丁娇嫩送惊喜，拈入春盘滋味丰。

### 芸香社游农场赏花对诗和韵

是日城郊红粉绿，熏风共沐景为诗。
田间杂卉如仙苑，席上清音似乐池。
入灶小鲜香欲滴，冲云妙论喜还痴。
拈来古往句多少，尽把青衫谈笑期。

### 重阳

星月无心凭自转，惹来游子泪成行。
秋山何故有悲意，桂子余吟在老殇。
陈酿寻来尝旧味，新酡细遣试华妆。
茱萸画里难相系，题做新词入佩囊。

### 癸卯新岁

街灯红火御冬寒,锣鼓催狮闹肇端。
依旧寸心怀故国,春来雪域老街欢。

### 秋日感怀

风雨骤来凉骤起,浮云变脸旧还新。
长河千顷悠波淼,苍野八垓箪酒醇。
愿得素娥安俗世,殷勤试药健凡身。
心田老梦踟蹰久,许愿何嫌日日频。

### 癸卯踏秋

红枫频唤正华秋,山染紫曦报晓筹。
名做皇家邀再聚,友衔雅句复环游。
登峰欲舞行衣彩,临水漫歌飞鸟幽。
落叶覆茵天不老,心碑诗刻谢相酬。

### 辛丑小雪夜感怀和韵乐老师

飘纱坠絮色姿微,偏做精灵午夜飞。
盟定无由如约至,心关有记遣时归。
不言傲骨不言洁,羞与花魂羞与辉。
幻影随风呼尔去,嗟乎刹那是生非。

### 重阳佳节有赋

绕篱寻菊为重阳,研墨铺笺还凑章。
窗外空余残叶影,诗中濡润旧花香。
几声雀闹难描记,一缕辉光宜刻藏。
璎珞丝丝心上事,华年忆里细思量。

【高阳台】浮云奇遇记（诗词有约）
家住蓬莱，心从域外，等闲出岫逍遥。信御微风，也曾嬉戏鹰雕。长空之下多朋羽，共徘徊，自享迢迢。这时光、迷彩旋旋，裙袂飘飘。
忽闻琴瑟如流水，奏凌凌清调，直上重霄。玉腕霞衣，何来一众新娇？梅兰竹菊皆君子，度宫商、吟律滔滔。诧凝眸、此乃鸿儒，此乃风骚。

【最高楼】早春心曲
浮云去，何处素笺归？鸦噪过声稀。早春听雪风穷夜，前庭邀月暮阑时。乱凡心，贪俗念，惹空痴。
如是说，此生应有约。也还道，此心应有托。空误了，几行诗。梅开岭上东君早，兰生幽谷暖风迟。问苍茫：当不见，也相知？

【采桑子】（冯延巳体）玉兰初苞如小雀
新绒乍裂酡容醉，点墨眸精。喙啄光晴，寄向春风试嫩声。
枯枝未绿花心急，欲把香萦。艳了寒屏，笋剥琼脂玉一层。

【醉太平】（刘过体）观水
清溪荡波，轻帆放歌。几行鸥鹭婆娑，恰心风逐过。
闲情几多，晴光漫梭。谁从幽水吟哦，正夕阳染酡。

【风光好】（欧良体）感怀
碎珠悬，缀霞喧。草木荣华聚散间。自悠然。
南柯槐下痴人梦，心思重。白发何堪老屋前，那时天。

【少年游】寄语
浮云过月总回头，欲揽却还休。缺弦上下，玉盘左右，何计满怀羞。
临窗顾盼追去影，寄语挂弯钩。屋后清溪，渚中香土，代取一杯不。


【河传】(温庭筠体)屈子颂
江上。波荡。是清魂。翠柳不耐风熏。鱼跃涟漪瘦影真。灵均。自兹惊醉人。
棹歌不歇徊晨晚。骚声断。空念斯人远。去何方。渡沅湘。沧浪。濯缨从莽苍。


【行香子】早春晨曲
谁叩晨窗，断续无常。惹相思、清梦迷茫。星疏雾薄，雨霁风凉。正旧巢空，枯枝静，树魂藏。
东篱独步，西畦绕径。续迷蒙、借梦徜徉。禅吟地籁，幽咽冥簧。有露珠甜，草芽翠，软泥香。


【一萼红】牛年赞牛
贺牛年，赞耕耘之志，拓沃土荒川。修直长途，曲弯锐角，俯首度背朝天。往事任评无需恼，孺子谦谦坦坦求全。默默无闻，牟然有道，蹄踏风烟。
秋去春来忙碌。几水泥跋涉，沟坎疏填。黑浪飘香，青苗引颈，放眼辽阔新篇。亘古咏吟歌一曲，艾草萋萋月影圆圆。甘苦悠悠咀嚼，恰似从前。
2009 01 26 （正月初二）

### 【行香子】错在深秋
怕立高楼，错在深秋。影疏摇，落木皆愁。长空萧瑟，归雁声啾。惜泥中花、淖中叶、雨中鸥。
池波迷幻，心扉凄楚。语呢喃，何处当留？天涯无尽，过客漂流。似水浮萍、风浮絮、浪浮舟。

### 【行香子】芸香诗社雅聚记
盛夏骄阳。拢翠飞香。意盈盈、郊外徜徉。断桥碧水，波泛银光。赏芦风摇，小舟荡，树荫凉。
古觞新韵。清音高洁，众佳人、琴指流芳。撷花拈叶，慢品茶汤。拜唐诗辽，宋词远，汉风苍。

### 【夜行船】（史祖达体）第三十届世界诗人大会花莲开幕
蝴蝶兰开何样美？展柔翼，喜迎新会。雅士风姿，长虹韵起，横跨一湾清水。
莫道天风随日退，君不见，缶声悠醉。击节高歌，集星荟萃，吹皱漫天污秽。

### 【一捻红】鸡年有约
等闲登矮郭。日复日，管他萧萧漠漠。啼催星月落。闪睛目，威震飞檐楼角。休论小弱，昂首间、启明有约。正逢时守岁，金猴把盏，激情春酌。
醉里闲梳锦羽，着墨无数，接屋连阁。捻红炬幕，距钩利，喙锋铎。聚芸芸，瑞雪清喉齐发，新晨半壁金烁。视混沌无却，丁酉本来气魄。
2017年丁酉新春

【一斛珠】断桥情
湖光似镜。断桥未断飘清影。朱栏水榭婷婷景。细柳缠绵，一醉何需醒？
旧塔空留遗恨剩。伊人远去秋风哽。梦怀莫使情缘冷。试放轻舟，逐梦残红径。

【天仙子】观"印象西湖"
旖旎湖边烟雨渚。虹彩高临杨柳浦。荷蕖泛泛卷还舒，鱼戏鹭。莺穿雾。秋水孤舟留别叙。
月冷轻舟人已去。去去情知难再聚。云天万里记当时，杨柳絮。叮咛语。记得别时牵袖处。

【蝶恋花】七夕有抒
今夜好风吹暮雨，散尽乌云，银汉浮轻缕。举首倩谁犹盼顾，心痴莫把佳期误。
勤向书山舟作苦，也学仙姑，妆巧颜如故。情没红尘轻似土，何如驾鹊年年路。

【万年欢】二零一八年元旦有抒
晓日新晴。正极寒拥素，哈气为冰。风郸云华，东方浪叠红层。醉眼临窗对景，香笺展、锦字痕轻。琴音起、弦拨阳关，欲传别绪叮咛。
酣争去岁芳字，是把芳心挽，逝水无情。更在闲言之外，还有悲声。一粒凡尘不足，语也微、何计成城。堪修也、篆石镂禅，心度澄明。

【解佩令】江妃怨
烟波浩渺,秋江韵好。漫长堤、佳人轻笑。怎地情浓?有一朵、玫瑰擎到。惹双腮,似霞灿袅。
鸦啼声燥,风催梦晓。望栏边、横斜枝槁。莫是江妃?演故伎,凭施乖巧。可相知?冷襟又老。
(注:此词牌取义于郑交甫遇汉皋神女解佩事,江妃二女赠玉,却瞬间玉失。)


【水调歌头】2018蒙特利尔国际龙舟节有记
舞旗传击节,擂鼓发张弓。离弦飞箭,翻浪腾越众蛟龙。平镜乍开云碎,栖鹭冲天声戾,溅水映霓虹。豪情奋涛涌,呐喊泼雷隆。
望中影,蓬头子,白须翁。书生意气,挥臂扬桨展威风。仙乐遥来宫阙,故事飘随远古,凭祭总相同。何计成与败,骁勇历真功。


【踏歌】加拿大国庆日遊行有记
击节。乐滔天、鼓乐长街接。霓裳舞、彩练飞成蝶。更莺啼婉转歌声彻。
激越。扭肥臀、黑白无分别。挽香臂、老少真情结。试民谣古调千秋烈。
狮子闹,太极发。群芳谱、小扇红绸缀。女儿踏波清,壮仔挥拳迭。青花瓷韵有新阕。


【菩萨蛮】报春
青绡绿绮谁来早?萋萋无语庭前草。一夜地丁开。黄花随草来。
忽闻天籁起。宿鸟阶前戏。树下正凝眸。枝头又对啾。

 卉漫悠然

【天香】（贺铸体）咏青衣（戏里人生）
水袖飞鸢，清音坠雀，嗟呀一声空软。碎步轻移，步摇微颤，幕下媚娇无限。朱唇杏眼。柔肠里、语随情转。琴瑟细分珠锦，书香漫匀章卷。
唱他丽歌咏叹。与谁人、浅杯檀板。青袂随云吹去，粉消魂断。遗恨香君弃扇。憾千古、虞姬剑花灿。将相何堪，婵娟怅惋。


【东风第一枝】二零一九年元旦开笔
三日山中，流光雪上，守时清夜迎岁。雪飘幽洁轻灵，山饮苍穹宿醉。娇儿展臂，如银燕、舞姿频替。拄老杖、健步相追，白发写成人字。
钟声响、夜灯璨丽。红日起、运筹大利。笑声抖落尘埃，闹群再添霞蔚。征途冉冉，携手度、无欺同贵。品华韵、童叟拳拳，再次勇攀高垒。


【荔枝香】中秋访友人
绿意疏拢小院，幽静处。蝉蔓围柏闲篱，雨霁晴光镀。花坠青茵亲偎，香溢氤氲路。惊喜、架下葡萄串成趣。
玲珑态，叠层密、珍珠聚。蕴紫侵红，甜腻润圆相许。荫下清凉，碧叶婆娑逐风举。秋声三径清赋。


【菩萨蛮】（李白体）春信
凭阑又见新妆好。红黄几点花开早。小雀喜徘徊。报春声里飞。
年年贪此景。梦里痴痴等。倘若有香笺。也如花事贤。

## 【菩萨蛮】夏日心情

一帘枫叶悠悠碧。织成心事犹浓密。不肯出樊篱。只将青涩遗。
鸣蝉何故急？欲把清柔拾。　舒卷寄流云。冬来作雪魂。


## 【巫山一段云】（毛文锡体）秋意

浊水连天白，秋山映日红。情思总在醉时浓，不饮也朦胧。
去雁长风疾，归心极目穷。桃园是否梦中同？别梦再乘风。
2009年10月6日回国前


## 【桃源忆故人】中秋感怀

花间不见伊人影，霜落桂香清冷。望尽层楼风景，笙调归斜径。
徘徊月下人难静，满院西风幽哽。欲驾浮云驰骋，云霭由谁赠？


## 【上行杯 】秋游翠湖

碧水清幽澜起，山色近，小艇轻游。些许红黄些许绿，波光似玉。
去云浮，飞鸟逐，郁郁，晖煜，风剪香流。


## 【江城子】（苏轼体）秋风吟

秋风一夜肆轻狂，月深藏，雁彷徨。瑟瑟秃枝，呜咽奏离簧。忍对春秋堪此短，花信褪，叶魂扬。
关山更远路迷茫，问家乡，可安康？广厦千千，可有挡风墙？谁肯结庐寒士愿，飘绿柳，立青杨。

**【江城子】（苏轼体）秋思**

御风秋意弄阴晴。渥然成。物华荣。鸿过频频、观象也为惊。枫染红黄燃似火，如化蝶，了谁情？

荻花摇白一痴程。玉盘行。桂香凝。遥对苍穹、常拟寄心声。错愕几吟无限意，都付了，满天星。

# 赋咏

## （一）

### 痴人赋

嗟！紫气东来，佳人独立。

晨曦叩窗，几道金光过隙；微风拂幔，一袭云纱飘忽。秋菊缠绵，丝柔缱绻；幽兰高昂，玉洁冰清。

昂首远眺，犹如山松之挺拔；明眸慈目，宛若夜星之晶华；丰颊红唇，恰似初日之红润。霍然，伸臂踢腿，脱兔跃起；继而，蹒跚迂回，凌乱舞步；随之，香汗淋漓，踱步颤巍。末了，念念有词：罢了罢了，不再少年。

嗟乎！灵光忽闪，混沌乍开。

红轮腾空，声声钟鸣清脆；青瓷焚香，缕缕轻烟缭绕。几上琴横，拂弦音起嘈杂，指蜷皮皱迟钝。琴旁书香，翻卷释声高咏，断续韵噎音哑。前书为何？后言何为？手颤书抖，目混脑顿。呜呼！时迁也！

长嗟！彩云散去，华光潜游。

赤鸟西倾，余焰融金；霞光穿木，枯枝腾荣；落叶飞舞，芳华尽散。滋味何在？情趣何往？忆痴痴，起坐难解疑惑；颤巍巍，辗转不知何故。和衣坦坦而卧，抱臂挤挤胸前。蜷环僵硬双膝，婉约初生婴孩。睛瞳浊，眉眼舒，嘴角翘，鼾声起，银发乱，皱褶展。着一怀春秋风雨放逐于江河湖海，任大脑万千沟壑还归于日月星辰。

喃喃细语，空空入梦。清溪潺潺，一幕静阒。

2023 年初冬（癸卯年）

## （二）

### 赤心赋

心者，重地也。其形，窝也。其状，拳也。其色，赤也。有腔，腔必通。腔司吞吐，吞当足，吐当倾。有瓣，瓣必整。瓣司开阖，开必敞，阖必严。有脉络，脉络须通达。

体之发肤，护之皮毛。体之有命，藏之于心。心者，重中之重。一舒之间，回归之浆血悉收皆入，可纳江河之汇集。一缩之瞬，喷射之浆血泄空而出，如吐万顷之波涛。

有容乃大，故心腔不可过小。适得其所，心腔又不可过大。寸心为婴儿，心小则难为海纳之量，入出皆阻，凶兆也。心胸博大为有壮志，若心形大于常则，或肌厚或腔异，病也。

心主动，贵在有力。力在工强，力道适中，驰张有度，吐纳自如，壮也。力弱工怠，懒散无节，舒缩受困，入出不匀，疾也。

心动有律，脉搏有定，不缓不疾，中规中矩，体之幸也。心脉过缓过疾，忽缓忽疾，混乱无序，乃至瞬停，状凶也。

心不可孤行。心气为邻，气平心和，气行血畅，此乃良状也。气滞血瘀，气爆血崩，此为恶疾也。吐故纳新，命之所在，心肺合力而为之。

心血不离，互为根本。血养心，血旺则心驰无忧；心策血，心悦则血行畅达。心之脉堵血滞，剧痛不休，凶症也。或神丹试药，或妙手祛瘀，须臾不可延搁。心虚者，神散目呆，面无华，气如丝，或阳气不振，或阴亏少血，适时调补，以壮根本，当救也。

心者，肉身也。心不可伤，伤则痛，痛甚欲绝。心不可急，急则堵，堵甚欲厥。心可喜，喜在心之承，喜在望之中，狂喜冲心脉，欣喜养心怀。心可醉，醉在微醺，醉在情理非在酒，在酒则伤心害心。

心藏神，心神互惠，神心相惜。神无形，又为之心灵。心有华，以神之芒相表。心定神稳，心旺神烁，神足则心旷。

心宜温，高烧惊厥，热血沸腾，心脉断矣。心忌冰，冷眼漠视，凉寒冰结，心脉滞矣。由来壮士赤心热血，为明志也；自古君子冰心玉壶，是宣洁也。

心当养，万物琼浆润之，日月精光护之。心坚可避邪，心正则坦荡，心柔犹可纳，心善当少忧，古训有据，诗书有凭。

心当静，乱中莫使，纷中莫行，宁静致远，素心可期。心扉宜开，气畅神清，血脉柔顺，怀赤勃动，心华腾升。

心贪生歹，垒重则堵，去贪泻垒，方可救之。心邪丧本，心痴丧志；道法视归，划牢止犯，宜困之。

胞浆膜拜层叠，如星汉，浩渺深邃；血脉盘桓交错，若江河，奔腾蜿蜒；浆血为精华，潜游于通体之间，不眠不休。心，乃唯一之主宰，赤色，温热，波动，持之以恒。

2023年元月十日

## （三）
## 柔肠赋

肠者，长也。长则长，位于腹腔，有腔液润泽，有筋膜相连，承上接下，顾右带左，归前纳后，座次顺排，天之合，安适也。

肠者，其色红粉，其质柔软，其感润滑，其态雍容。

肠者，中空也。可盛泱泱，当通洒洒。中空者，不可堵也。堵则痛，堵甚伤肌理，肌崩败血脉，凶也。

肠腔之内，粘膜茁茁，其间血脉虽细犹丰，功在吸腔中过往之琼浆玉液，可谓勤奋警觉，探囊乾坤，粕中滤精。粘膜外着肌层，支肠腔之软体，护肠体之强健，助肠管之蠕动，利腔内之物运行。腔外有包膜广而护之，润滑于腹腔内，围肠可独立成体，不沾不黏。尚有恙，粘成疾。

肠以度量分大小。小肠者，细也。大肠者，粗大也。按顺着序，小肠位上，大肠位下，各自井然。

胃肠相连。小肠之端，开于胃之下，名曰十二指。其腔短径阔，主承接胃之食糜，亦接纳胰之液胆之汁。胃之糜，性酸也；胰液胆汁，性碱也。酸碱自有其道，各自行事，炼食之粗粝，化糜之腐朽，皆不可或缺也。由是承受其杂其重，古此处易遭损伤也。当以护之，辛辣肥腻慎之。

十二指其下，小肠也。粘膜呈皱襞或绒毛，其态可掬，其功主吸纳，亦兼分泌，分清摘浊，纳之精，剔之粕。生命之维系，诸物之源处，其功所在也。

小肠之下，大肠也。再接再厉，助吸纳排泄，合功业之大成。接上达下，上下畅通，废之除，体之纯，生命之保障也。津液莫缺，纤维适中，时以动之，大肠之幸也。

大小肠相衔之腔外，有物为蚓突，又名阑尾。体态娇小，细长弯曲，呈游离闭锁状。其位于右下腹，其名如雷贯耳，莫因其小而不觉，若染炎症则肿则痛，或急施药，或急切之。其疾若重则溃崩，致腹腔蒙灾，酿成大难。正所谓，善恶莫分大小，伤命者，当心细微。

肠之疾，化物失常，气胀如鼓；排泄有障，阻滞成垒；肠系扭转，血物顿阻。或梗或溃，皆重症也。可致肠断，性命攸关，此非愁肠欲断，实乃断肠痛煞人。

肠者，藏于腹内，其名声在外，其寓意昭昭。衷肠，坦坦胸襟，恳恳之心；别肠，绵绵情怀，离离不舍；直肠，不掩不讳，率直坦诚。

诗肠者，乃诗之思诗之情盛也。"诗肠倾珠河"，诗绪滚滚，唯肠与河同为博也。

荡气回肠，乃歌乐婉转，感动心智。若肠中积气窜荡，或食之物难溶，或肠之腔受阻，不可小视尔。

锦绣心肠，心与肠俱华。腹有诗书，博学其内。

铁石心肠，心与肠俱硬。铁固石顽，为志者刚，为心肠者则非善也。

以鸡肠羊肠喻人喻事喻物，乃量小也，难容少纳。

肠者，唯其阔，容纳坦坦，排垒荡荡，云帆直达。肠者，唯其长，择其困顿于腹，委其曲折迂回，美其百转千回之温婉，成其回肠荡气之大雅。

柔肠者，可屈可伸，可舒可缩，唯伺其职；柔肠者，细分好恶，亦承亦度，无怨无悔；柔肠者，一腔福泽，满腹慈悲，天地通达。

2023 年元月十六日

www.ingramcontent.com/pod-product-compliance
Lightning Source LLC
Chambersburg PA
CBHW031119080526
44587CB00011B/1041